Là-bas… la guerre

Sentimentales 14 18

…leur poussière et les traces de leurs vertus

Bertrand

ISBN 979-8-9992373-1-6

Have you forgotten yet... ?
Look up, and swear by the green of the Spring that you'll never forget.

As-tu déjà oublié... ?
Lève les yeux et jure par le vert du printemps que tu n'oublieras jamais.

(Siegfried Sassoon)[1]

[1] Tiré d'« Aftermath », un poème de Siegfried Sassoon, poète anglais qui a vécu dans les tranchées de la Première Guerre mondiale.

Du haut de la colline on aperçoit la grève de K… avec ses galets, certains gros comme des poings d'autres comme des boulets. À chaque déferlante, un grondement sourd remontant la pente envahit ma somnolence. Après le typhon qui vient de s'enfuir plus au nord, les énormes vagues qui viennent gifler la grève déclenchent le bombardement qui s'incruste dans mes rêveries.

En s'éloignant, le tourbillon a laissé quelques traces de violence dans le ciel, en bas le calme est revenu, la terre a repris sa vibration quotidienne et l'humain ses fébriles occupations. L'air s'est calmé, il reprend sa nonchalance caressant ce chapelet d'îles qui émergent peu à peu des brumes.

Et pourtant… Je ne suis pas serein…

Je ne le suis pas, car je viens de relire ces lettres centenaires qui mettent de l'amertume dans cette fin d'après-midi d'automne s'effilochant comme ces nuages aspirés par la tempête qui s'éloigne.

Ces lettres, au-delà des années, m'interpellent et me tirent en arrière pour me raconter ce que les historiens n'ont pas retenu, occupés qu'ils étaient par leurs analyses et leurs recherches d'explications.

En reste-t-il beaucoup des lettres de cent ans ?

Ces lettres et ces photos que les familles ont fait disparaître, brûlées dans les cheminées ou jetées aux ordures. Ces familles dont la descendance est enchaînée dans le présent en vue d'un futur incertain qui les oubliera comme ils ont eux-mêmes oublié.

Ce qui s'est passé il y a cent ans, l'a-t-on oublié ? Il y a les livres. Mais les livres ne parlent pas, ils racontent… toujours la même histoire.

Cette histoire dont on est allé jusqu'à affirmer qu'elle était finie.

Se contenterait-on de nos médiocres péripéties alors même qu'elle vient à peine de commencer et qu'elle n'en est qu'à ses balbutiements ?

L'humanité semblerait-elle donc arrivée à un tel degré de perfection qu'on y verrait la fin des temps ? Par quelle contamination pernicieuse, croirait-on aux funestes prédictions des devins médiévaux ?

Faudrait-il donc déjà nous asseoir sur notre destinée et contempler avec nostalgie nos frasques passées ?

Ces quelques misérables petits millénaires qui nous ont précédés nous ont à peine sortis de la fange qui nous a vus naître. Que sont-ils face aux immensités temporelles qu'il nous reste à parcourir ? Quand toutes les frontières fondues, les multiples nations ne feront plus qu'une, qui pourra dire alors si cela durera, si le cycle du partage de la planète ne reprendra pas par quelques sournoises volontés de sécession ou d'hégémonie ? Prédire la fin de l'histoire c'est compter sans la malignité des hommes et l'incapacité congénitale des peuples à s'affranchir de leur propre histoire.

Si les conflits et les invasions en sont les principaux points de repère, ils ne font pas l'histoire, à prétendre le contraire serait faire peu de cas du genre humain et porter grand mépris à son épopée en réduisant celle-ci à quelques cliquetis de ferraille et considérant celui-là comme un grand niait gesticulant avec une hache sanguinolente.

L'histoire ne finit pas, elle s'enraye de temps à autre et reprend son cours dès que les peuples se réveillent.

Quand je suis envahi par des pensées chagrines, je regarde la mer.

La mer… cet océan Pacifique qui ne demande qu'à s'étaler dans une paisible ondulation. Ce sont les alizés qui le remuent et lui donnent ce balancement tragique, ce sont les galets qui, se repoussant et se cognant, lui donnent cette violence qu'on entend du haut de la colline.

À présent sillonné par les bateaux marchands et les pêcheurs, il y a encore quelques décennies, on le traversait avec des canonnières et des cuirassés.

Qu'est-ce que cent ans ? À peine trois générations, et suffisamment de temps pour repartir à l'assaut deux ou trois fois.

Cent ans, ce n'est pas si loin. Du fond de la brume qui recouvre mes pensées, je l'entends, là-bas, cette agitation qui fait rage depuis des mois. Je la sens cette odeur des sillons qui saignent, de ces gaz qui se confondent avec les vapeurs matinales de cette fin de printemps. Je les vois ces hommes qui regardent les plaines détruites par quelque chose qui n'est plus ce *« drame effrayant et passionné »*[2] conçu par les ardeurs de quelques stratèges enthousiastes.

Je suis entré par hasard dans cette furie en relisant ces écrits centenaires conservés dans un grenier et qu'on

---

[2] Définition de la guerre par Antoine de Jomini, historien et stratège militaire suisse.

avait oubliés. Je les ai complétés de mes pérégrinations virtuelles. J'y ai vu des corps meurtris, et dans les regards des soldats, l'incompréhension et la détresse.

Il y a aussi les lettres que d'autres, que je ne connais pas, que je n'ai jamais connus et que je ne connaîtrai jamais, n'ont pas écrites. Ce sont mes mains qui les écrivent. Je ne peux retenir ces mots ces phrases qui s'échappent de mes doigts et courent sur mon clavier. Où sont-ils donc ceux qui me les dictent ?

Et puis, toutes celles qui ont disparu, qu'on a jetées ou brûlées parce qu'elles dérangeaient les survivants. Parce qu'elles n'étaient pas des lettres de héros tels que les voient ceux qui ne sont pas morts, qui sont restés là… pour parler d'héroïsme et des héros qui eux ne parlaient pas d'héroïsme.

Quand je lis ces lettres, quand je parcours ces récits désolés, quand je vois les sacrifiés qui tombent et quand j'entends le silence de l'oubli, je deviens un peu moins citoyen, un peu plus vagabond. Je me sépare de la boussole qui me servait de repère sur cette terre ingrate, et je pars au hasard, à la recherche de ces heures perdues que les chants ne raniment pas. On commémore parce qu'on a honte, mais la honte ne répare rien, elle n'est même pas des larmes, un simple chagrin sec, le temps d'une pensée ou d'une vague idée qui passe.

Ce 28 juin, une digue fissurée de tous côtés, prête à céder à la moindre pression, laisse échapper un flot de rancœurs qui dévale les pentes.

Quelque chose qu'on n'attendait pas, du moins que la majorité, ceux qui ne décident pas, qui se contentent de construire leur propre destin, jour après jour, labeur après labeur, patiemment, consciencieusement, méticuleusement, n'attendaient pas, et qui arrive bêtement, parce que subitement les esprits s'échauffent, réactivent des rancœurs inassouvies, des colères qui grondent de partout sans qu'on sache qui les alimente ni qui les désire, pour des histoires que l'homme du commun, rivé à sa terre ou à son établi, à son pain quotidien, ne comprend pas. Quelque chose d'organisé d'en haut.

Un dérangement, une simple irritation d'un chef et le peuple suit par inertie. Un illuminé invoque une divinité, des individus s'agglutinent en une foule haineuse. Le peuple se met en branle sur la simple injonction d'un prince, et les cadavres jonchent les trottoirs et les immeubles s'écroulent. Quand enfin il comprend, il est déjà trop tard. Comprend-il seulement ? On ne l'a pas consulté. De vagues explications suffisent à attiser sa hargne et justifier son ébranlement, suffisamment imprécises pour laisser dans l'ombre le pourquoi des choses.

Le peuple ne se mobilise jamais de lui-même, il y est persuadé, mais toujours avec enthousiasme. Il suffit d’un peu de propagande, de bons discours, quelques harangues, de l’émotion. Convaincu par des tribuns, c'est une révolution ; par un prince, et c'est la guerre.

La guerre…

Toujours recommencée. Chaque époque, chaque grande fresque de l’histoire de l’humanité a son « épopée ». Ce joli substantif dont se régale le poète pour désigner des hordes belliqueuses, surexcitées, ivres de gloires passées ou à venir, tranchant dans le vif à coup de haches, d’épées ou de sabres, traversant les plaines et les bourgades avec des cris d’enthousiasme, laissant dernière elles des trainées de corps sanglants, mutilés. Décimer les peuples ou les soumettre, voilà sa fonction première. Faisant partie du processus universel qui permet l’épanouissement des nations, elle est nécessaire, comme une fonction indispensable à la marche de l’humanité vers son acmé.

Elle fait l'histoire. Lorsqu'elle s'arrête, celle-ci s'arrête.

La destinée de l’homme passe-t-elle par le massacre ?

Depuis les temps immémoriaux, l’humanité a connu les combats, les rixes tribales pour défendre des terrains de chasse. Puis, avec l’apparition des cités, vinrent les conquêtes pour, tout d’abord, étendre sa puissance et son hégémonie et, plus tard, pour amasser quelques territoires que l'on s'empressait d'annexer avant que d'autres ne le fassent. La terre n’appartenant à personne, elle appartenait à tout le monde et surtout à celui qui avait décidé avec des arguments de choc que le territoire lui revenait de droit. Ainsi le découpage de la terre se poursuivait, les conflits duraient des décennies, avec des batailles qui revenaient sans cesse pour faire savoir à l'autre qu'il ne devait pas s'aventurer au-delà des limites de son territoire. Alors survinrent toutes sortes d'affrontements, des expéditions, des croisades, des razzias, des révoltes, des massacres, des jacqueries, des représailles, des révolutions…

Et puis il y a la guerre…

Civile, de religion, ou la guerre simplement, dont on sait quand elle a fini, mais jamais très bien quand elle a commencé ni comment ni pourquoi.

Quand on l'a déclarée, elle avait déjà éclaté, et elle avait éclaté parce qu'elle avait déjà commencé.

Mais… pourquoi celle-là ?

Je cherche et recherche sur la toile, je ne suis pas sûr de bien comprendre. Des histoires de zones d'influence, de peuples qui veulent se distancer d'autres qui ne le veulent pas, des revanches à prendre, des contentieux, des territoires à récupérer. Et puis, tout à coup, un petit détail qui déclenche une chose que plus rien ne peut arrêter, ni personne. Une fois lancé, on continue, comme ces chiens furieux qu'on ne peut séparer qu'en les aspergeant d'eau. Mais les chefs de guerre ne sont pas des chiens, ce sont des êtres sensés, calmes dans leurs décisions, froids dans leurs déterminations.

Comment expliquer à Louis[3] au fin fond de la campagne, penché sur sa terre, ou à Eugène[4] courbé sur son établi ? Comment dire à tous les besogneux de la république : c'est la guerre, c'est tout !

Un tout suffisant pour partir à l'assaut sans se poser de questions. Il faut partir, c'est l'affaire de tous.

À l'époque romaine et au moyen âge, le guerrier était un spécialiste parmi d'autres, un professionnel de la bataille. Jusqu'à la fin du XIXe siècle, l'homme fortuné payait un remplaçant, achetant sa sécurité, l'autre hypothéquait son unique patrimoine, sa vie. Le premier conflit mondial inaugura la guerre démocratique : la belligérance pour tous, le massacre universel. Appelée « défense de la patrie », elle devint un droit et un devoir pour chaque citoyen, bien qu'il ne fut jamais consulté pour en décider la déclaration. Celle-ci ne se faisant pas au milieu d'un champ de blé ni derrière une machine à tisser ou un établi. Une guerre se déclare toujours dans un fauteuil.

La trahison est définie comme étant la rupture d'un pacte par décision unilatérale de l'une des parties.

C'est l'exacte situation d'une déclaration de guerre… quand un état, chargé de gérer le bien-être et la quiétude d'une communauté, mobilise celle-ci, sans

---

[3] Louis B…, agriculteur, fusillé en 1914, Mémoire des hommes

[4] Marcel Eugène D…, ouvrier ajusteur, mort pour la France, Mémoire des hommes

l’avoir consultée au préalable, pour la mener à des affrontements où la mort est l’une des composantes essentielles, sinon la première nécessité.

Le maître mot de ce conflit, la patrie, c’est ce territoire que le destin vous a attribué et que les aléas de l'histoire ont bien voulu vous laisser ou vous imposer. C’est alors qu’il vous colle à l’existence et vous suit dans les moindres recoins de la vie. Même en exil on est comptable de ses errements.

On en viendrait presque à chérir ces chevauchées fantastiques qui ont donné naissance aux empires. Bien que construits sur des invasions guerrières, ceux-ci étaient plus respectueux des peuples qu'ils administraient que ne l'ont jamais été, et ne le seront jamais, les nations nées de leurs décadences. Car, dès que ceux-ci se délitèrent, les princes s'empressèrent de se partager leurs dépouilles parquant les peuples dans des nations orgueilleuses et jalouses de leur culture dominante, méprisant les petites ou les chassant hors de leur territoire. La patrie, cette terra patria de nos lointains ancêtres qui se limitait aux quelques arpents, au village ou à la province où l'on était né, n'avait pas encore ce goût amer que lui ont donné les nations, séparant les peuples, exacerbant les différences. La terre paternelle fut confisquée par des monarques ambitieux et prévaricateurs. Tout discours sur la patrie a dès lors été ponctué par le sifflement des sabres et les salves des canons.

La nation : un pas de plus vers le progrès ou la décadence de l'humanité ?

Mémoire des hommes

Métèque international, je m'expatrie tous les matins dès que j'entends gronder les bombardements de la terre et du siècle. Et tous les soirs, je renie ces langueurs malsaines qui me rattachent à une patrie.

Je me creuse des tranchées de paix et de sérénité dans ces terres d'écueils. Adepte des chants et des graffitis universels, je reste en dehors des frontières, à cheval sur les lignes de démarcation. Je n'ai d'attaches que celles qui m'emmènent au-delà des continents.

Quand les amis d'en face me rejoindront, nous irons peut-être, ensemble, naviguer sur ces mers agitées en quête de rivages moins hostiles et plus confraternels. Rien ne pourra nous contraindre à nous conformer aux diktats patriotiques de ces ambitieux et prévaricateurs personnages qui nous volent nos individualités. Car nous perdons notre authenticité parmi ces foules veules et soumises qui ne se révoltent ou ne se mobilisent que pour engendrer d'autres figures tout aussi malfaisantes et cupides que les précédentes.

Nul ancrage ne viendra pervertir notre vision de ça… qui est devant nous et qui ne cesse de gémir. Cette amertume commune à tous qui nous poursuit et nous réclame ce que nous refusons de donner, car tous ces autres, qui nous regardent, nous l'interdisent au nom de quelque chose qui alourdit l'atmosphère et le cœur des êtres.

Non, je ne reviendrai pas dans ces contrées que j'ai quittées. Je préfère errer sur les terres passagères même si elles sont ingrates, je n'ai besoin ni de Graal ni d'autels, encore moins de princes ou de maîtres pour me guider. Je les trouverai bien mes semblables, ils sont partout.

Si, ce soir, j'ai l'âme morose, ce n'est pas seulement à cause du vent chargé de bruine qui n'en finit pas de gifler les vitres en sifflant dans les interstices de cette maison mal isolée. Si j'ai le cœur malsain, c'est que je suis allé là-bas, en ce soir pluvieux, en me demandant si tout s'était passé comme prévu. Je suis allé voir si les héros n'étaient pas trop fatigués, usés par l'inaction et l'attente. Si de la boue n'avait pas surgi quelque fugitif sentiment de compassion et de considération pour l'humaine condition.

En m'engageant plus avant dans ce qu'il est convenu d'appeler « le monde virtuel » je me suis introduit dans la « Mémoire des hommes », une de ces banques de données où l'on peut, au détour d'une recherche, découvrir, dans un recoin, à côté des héros, une sorte de meuble dans chaque tiroir duquel se trouve un être blotti sous quelques milliers d'octets. Un être, un individu, devenu quelconque, dont personne n'a envie de se souvenir, qui n'avait pas demandé la gloire ni l'opprobre, seulement l'air de la campagne chargé de l'odeur des labours et de ce labeur qui transpire de l'aube au crépuscule, au gré des saisons, des peines et des petits bonheurs de la vie.

Je les ai vues ces ombres, effacées de la liste des

héros, gommées de la patrie. J'ai senti leurs sueurs glacées, leurs tremblements quand sonnait la charge, alors que la chose était là, tout près, et que tous le savaient. Elle attendait, décidée à effacer quelques créatures.

Alors, je suis redescendu vers la furie meurtrière qui avait repris de plus belle. Je suis monté sur la bute, et quand j'ai entendu les balles qui sifflaient… j'ai vu la Marie et le petit, j'ai vu mes vieux, j'ai vu ma terre, mon champ, mes bêtes… Et là-bas, un mécanisme en furie qui crachait du feu, des crépitements à deux mètres de là et qui se rapprochaient… j'ai glissé de l'échelle, je ne sais plus si, envouté par le parfum de la dernière lettre de la Marie ou grisé par les effluves des charniers, j'ai perdu l'équilibre, mon corps s'est alourdi, je suis tombé par terre sur le sol boueux de la tranchée… alors j'ai entendu ces hurlements… « Emmenez-moi c't'abrutit ! »

Quand, du haut de la tranchée, on aperçoit cette terre, qui n'est plus vraiment de la terre, cette étendue informe, crevassée, remuée, pleine de débris dont certains vivaient encore il y a quelques instants, et qui nous sépare d'un autre, là-bas ; quand sur le dernier échelon d'un escalier de fortune, la tête déjà sortie face à la mitraille, le corps offert, on voit tout ça, il est encore trop tôt pour être un héros. Demain peut-être…

L'héroïsme pèse lourd ! Arrivé en haut de la bute, il vous retient vers le bas.

Vingré.

Un hameau de Nouvron-Vingré dans l'Aisne qui fut le théâtre de l'une de ces tragédies inutiles de la guerre.

Le 27 novembre 1914, les soldats allemands envahissent par surprise une tranchée créant la panique parmi les soldats français dont certains sont faits prisonniers et d'autres se replient vers une autre tranchée en arrière. Ces derniers reçoivent l'ordre de retourner immédiatement dans la tranchée d'où ils viennent et s'exécutent.

L'événement fait l'objet d'un rapport dans lequel il est qualifié d'abandon de poste en présence de l'ennemi, à la suite, semble-t-il, d'un faux témoignage. De la vingtaine de soldats concernés, six, tirés au sort, sont passés par les armes, pour l'exemple, le 4 décembre 1914.

Le 21 janvier 1921, grâce à l'acharnement des familles et d'un avocat, les condamnés sont réhabilités par la Cour de cassation.

Les fusillés de Vingré : les soldats Jean Blanchard, Francisque Durantet, Pierre Gay, Claude Pettelet, Jean Quinault et le caporal Paul Floch.

Fiche de décès de chacun des condamnés :

« Mort pour la France le 4 décembre 1914

Genre de mort : Tué à l'ennemi ; fusillé réhabilité

Commentaires : Annulation du jugement par la

Cour de cassation le 19/01/1921 »[5].

On casse, mais les débris ont-ils été recollés ?

Fusillé, tué à l'ennemi !

Est-ce un oxymore, une figure de style militaire pour déplacement posthume d'un cadavre afin de l'exhiber devant un ennemi qui n'existe plus, une sorte de comédie d'outre-tombe ?

Ont-ils encore une âme ces ossements qu'on ressuscite le temps d'une bénédiction ?

On s'est trompé, mais c'est à cause de la guerre. Or la guerre, c'est à cause de l'ennemi. Alors, c'est l'ennemi qui l'a tué !

---

[5] Toutes les citations concernant les fusillés de la première mondiale proviennent du site internet « Mémoire des hommes » du ministère des armées.

Fusillé le 31 décembre 1914, à 16 heures, le tirailleur algérien Mohammed B..., âgé de 22 ans, est inculpé d'abandon de poste en présence de l'ennemi. Interrogé avec interprète, le 29 décembre à 9h15, il sera jugé le 31 décembre 1914, quelques heures seulement avant son exécution.

Les faits remontent au 21 décembre, 10 jours plus tôt.

Le tirailleur B... fait partie d'un groupe qui doit rejoindre une tranchée de nuit, mais il ne s'y trouve pas alors que personne n'a remarqué son départ. Le 22 au matin Mohammed B manque toujours à l'appel. Lors du jugement, interrogé, il affirme qu'à 15 heures un sergent lui a donné l'autorisation d'aller voir le médecin. Version démentie par des témoins qui soulignent que le sergent en question était alors dans un autre groupe et qu'il a été tué dans l'après-midi. Il soutient également avoir été reçu par le médecin vers 16 heures, celui-ci ayant ordonné son entrée à l'hôpital alors qu'en réalité il était absent le 21. De plus son nom ne se trouve sur aucune liste et son fusil et son fourniment ne sont pas retrouvés à l'endroit où il dit les avoir laissés. Le lendemain, il est arrêté « en bonne santé » dans un village à 15 km en arrière par des gendarmes qui le remettent aux militaires.

Résultat du jugement : peine de mort.

Une journée, une petite peur, un peu de réticence et l'existence fout le camp, emportée par la grande folie du siècle.

« Enjoint au commissaire du gouvernement de faire donner immédiatement en sa présence lecture du présent jugement devant la garde rassemblée sous les armes et de l'avertir que la loi ne lui accorde aucun délai pour se pourvoir en révision.

Fait, clos et jugé sans désemparer, en séance publique à la villa D... à Tracy le Mont, les jours, mois et an que dessus. »

L'encre de la signature du greffier, un adjudant, qui a rempli le procès-verbal d'exécution bave sur le papier jauni… de transpiration ou de quelque chose d'autre…

« Un piquet composé conformément aux prescriptions réglementaires, s'est approché et a fait feu sur le condamné qui est tombé mort » à 16 heures, 8 heures exactement avant la nouvelle année 1915.

Il paraît que dans certaines tranchées on sympathisa avec ceux d'en face au cours des trêves et des festivités de fin d'année et d'entrée dans le nouveau millésime. La fraternité, qui s'empara de quelques soldats adverses, n'alla pas jusqu'à lui. On lui faisait porter le fardeau de la honte de ces batailles impies. Il expiait le péché de la guerre.

Sa fiche porte la mention « *Non mort pour la France* »

Il est mort… non pour la France, non plus pour l'Algérie, ni pour une patrie, il n’en a pas, son statut d'indigène l'ayant mis à l'écart.

Non… mort pour quoi ?

Pour la guerre… peut-être.

La sentence et l'exécution ont lieu le jour même, on appelle ça une exécution sommaire.

« Fait, clos et jugé sans désemparer, en séance publique… »

Désemparé, l'a-t-il été, lui ? Décontenancé, interdit, penaud, ahuri sans doute devant tant de calamité.

Entre sa condamnation et son exécution, a-t-il eu le temps d'écrire quelques lignes pour dire adieu.

Dieu, d'ailleurs, se mêle-t-il de ces affaires-là ? Se lamente-t-il éternellement sur ses créatures guerrières ? On a entendu dire qu'il était « Amour ». Sans doute aime-t-il tout, sans distinction aucune. Fait-il pleuvoir son affection sur cette furie, sur ces corps meurtris ? Envahit-il de sa tendresse toutes les horreurs de l'histoire de l'humanité ? Cela lui confère-t-il une plus grande dignité, cela gonfle-t-il sa déité ? Au milieu de son éternité, s'est-il soudain pris d'intérêt pour les massacres ? Par ennui ou pour donner quelques motifs d'application à sa compassion ?

Il s'appelle Mohammed Ben L. A.... C'est un soldat de 2e classe d'un régiment mixte de zouaves tirailleurs. Un cordonnier de 26 ans, *« présumé »* a-t-on mentionné, engagé volontaire pour la durée de la guerre, le 8 août 1914 à Bône (Annaba), en Algérie.

Cet Algérien, cordonnier de profession, engagé volontaire en pensant sans doute qu'il allait rafistoler des groles, est-il possible qu'il se soit trompé d'employeur ou qu'on l'ait grugé sur la nature de l'emploi ?

Indigène de considération, soldat français par inadvertance, il s'est retrouvé avec un Lebel en main, ne sachant comment le manier, hésitant à se faire chatouiller par les balles germaniques pour une patrie qui ne l'avait jamais compté parmi ses fils et qui occupait la terre de ses ancêtres sans l'avoir jamais convié aux bals du 14 juillet ni aux scrutins électoraux.

Mohammed A... s'est rendu coupable, le 20 février 1915, de refus d'obéissance et d'outrages par paroles à un supérieur à l'occasion du service, et le 5 mars, d'abandon de poste en présence de l'ennemi.

Le caporal indigène B... chargé de rassembler et de surveiller une corvée s'aperçoit que Mohammed manque à l'appel. Partant à sa recherche, il le trouve aux cuisines de la compagnie et où il était venu se réchauffer. Injonction du caporal à rejoindre la corvée. Réponse cinglante du 2e classe : *« Tu n'es qu'un caporal, tu commandes à la tête de mon nœud »*. Le caporal lui intime alors l'ordre de venir avec lui. Nouvelle réponse : « Je t'emmerde ! ». Nouvelle injonction, Mohammed disparaît et ne réapparaît qu'à 17 heures, heure à laquelle on le retrouve ivre.

Le 5 mars, sous prétexte d'être en prévention de conseil de guerre il refuse de rejoindre la tranchée et part vers l'arrière où il est arrêté.

Mohammed « s'est souvent fait punir. Il se saoule souvent. C'est un raisonneur. »

C'est un fait, Mohammed est un raisonneur. Interrogé, il se perd en explications que contredisent les témoignages, jure qu'il ne demande qu'à bien faire son service, mais qu'on l'a bousculé alors qu'il avait mal au bras et froid à cause de la neige. Une explication embrouillée maladroite jusqu'à en être touchante de naïveté. Il n'a tué personne, ce qui en temps de guerre n'est peut-être pas nécessairement une circonstance atténuante, il a simplement tiré au flanc, rechigné comme un enfant qui refuse d'aller à l'école. Ce n'est pas un guerrier, c'est un cordonnier.

Il passera au conseil de guerre pour désobéissance à un supérieur indigène de l'armée française, non français, qu'il considère comme non supérieur.

Si les choses ne sont pas simples en temps normal, elles le deviennent en temps de guerre :

« Résultat du jugement : mort. »

C'est simple. Économie de mots, économie d'encre. En temps de guerre, tout est bref.

Celui qui ne veut pas mourir, on l'élimine. Ce n'est plus une question de patrie, c'est une question d'efficacité. La patrie, on en reparlera plus tard, quand on commémorera, quand on chantera.

Son dossier comporte 123 feuillets de procès-verbaux, de divers comptes rendus manuscrits, de rapports, de signification de cédule. Inculpé d'abandon de poste, il est jugé et condamné à mort les 25 et 26 mars, son exécution aura lieu le 31 mars 1915.

Un 31 mars… un jour plus tard, il aurait cru à une plaisanterie. Mais la justice militaire ne plaisante pas. En temps de guerre, elle va vite. Le temps presse. Elle ne badine pas, il est des métaphores qu'il est préférable d'éviter. En temps de paix, on en fait des gorges chaudes, ici elles vous emmènent directement au peloton d'exécution.

Résultat du jugement : un mot à quatre lettres, terrible, qui vous enlève l'envie de rire

Les juges guerriers avaient-ils le sourire en coin lorsqu'ils écoutaient les témoignages du caporal indigène B… relater les injures métaphoriques de son subordonné ? Ses congénères du peloton d'exécution avaient-ils eu un rictus crispé en visant ce condamné ?

Le 8 septembre 1915, quelque part sur le front, le soldat de deuxième classe Louis B…, cultivateur dans le Lot, prétend être malade alors que sa compagnie aurait reçu l'ordre de contre-attaquer. Ausculté le lendemain par un médecin celui-ci mentionne « consultation motivée ». Insuffisant pour ses supérieurs qui le reconduisent aux tranchées qu'ils essaient par deux fois de quitter. À chaque fois il est contraint de rester par la force.

Inculpé, lors de l'instruction « il prétend » que le 8 septembre il était malade. Il se perd alors dans diverses explications et une version des faits que contredisent les témoignages de ses supérieurs qui soulignent son refus répété d'obéissance aux injonctions de rejoindre la tranchée et son caractère indiscipliné.

« ... Il aurait, suivant le lieutenant B…, été l'objet de quelques plaisanteries de la part de ses camarades, plaisanteries qui auraient contribué à aigrir davantage un caractère déjà irritable ; il obéit toujours très difficilement. »

Il est alors mis en jugement pour refus d'obéissance en présence de l'ennemi. Au cours de l'instruction, il n'est nulle part fait mention d'un ordre de contre-attaquer ni d'une offensive, seulement des injonctions au soldat B… à se rendre dans les tranchées.

Mis en détention préventive le 24 septembre 1915 le soldat B… est jugé *« au nom du peuple français »* le 2 octobre par le Conseil de guerre délibérant à huis clos.

Il est répondu oui à l'unanimité à toutes les questions que pose le Président :

« Le soldat B... Louis, du 7me régiment d'infanterie, est-il coupable d'avoir, le 8 septembre 1915, au camp Deville (Marne), refusé d'obéir à l'ordre relatif au service à lui donné par son supérieur, le sergent Q..., du même régiment, qui lui ordonnait de suivre sa compagnie ?

Ledit refus d'obéissance a-t-il eu lieu lorsque le soldat B... sus qualifié était commandé pour marcher contre l'ennemi ?

Le soldat B... Louis, sus qualifié, est-il coupable d'avoir, le 9 septembre 1915, aux tranchées, refusé d'obéir à l'ordre relatif au service à lui donné par son supérieur, le sous-lieutenant de B... du même régiment, qui lui ordonnait de se rendre à la tranchée de sa section ?

Ledit refus d'obéissance a-t-il eu lieu en présence de l'ennemi ? »

Le conseil condamne le soldat B… à la peine de mort avec dégradation militaire.

Immédiatement après le jugement, le même Conseil de guerre, celui qui a, quelques instants plus tôt, prononcé sa condamnation à la peine capitale, se réunit pour siéger hors séance et émet, à l'unanimité, l'avis de présenter une commutation de peine.

« Cet avis a été pris en se basant sur ce que cet homme, âgé de trente-cinq ans, n'ayant pas fait le service militaire en temps de paix, est un minus habens caractérisé, qui ne s'est pas rendu compte de la gravité de la responsabilité qu'il encourait en n'obéissant pas aux ordres donnés. »

Avoir été un minus habens, voilà le véritable crime de ce misérable : la médiocrité.

Circonstance atténuante qui n'empêchera pourtant pas l'application de la condamnation du soldat Louis B… à être fusillé avec dégradation militaire.

Un simple soldat de 2e classe… dégradé… c'est peu dire qu'il devient un moins que rien : il redescend d'un cran en dessous de sa médiocrité. Fusiller un tel déchet de la patrie n'est-ce pas faire œuvre de salubrité ? Orphelin de père et de mère à l'âge de 8 ans, sans femme ni enfant. Par une erreur d'état civil, le prénom de son père est devenu son patronyme sur son acte de naissance[6] ; ironie du hasard qui l'éjecte, dès le départ, hors de sa lignée pour en faire un orphelin avant l'heure. Isolé dès son premier souffle, séparé de ses ancêtres et de sa fratrie, il n'est plus d'aucune utilité en ce bas monde, sinon à être une gêne et un ennui pour la patrie. Agriculteur, il la nourrissait, soldat, ce n'est qu'un minus habens.

Selon le procès-verbal d'exécution à mort, le quatre

---

[6] D'après les registres d'état civil.

octobre mil neuf cent quinze, à sept heures du matin, un sergent commis-greffier est transporté à Florent (Marne) pour assister à l'exécution de la peine de mort du soldat de 2e classe B… Louis, en réparation du crime de refus d'obéissance en présence de l'ennemi.

«… Arrivé sur les lieux de l'exécution … nous avons donné lecture du jugement précité.

Aussitôt après cette lecture, un piquet d'infanterie composé conformément aux prescriptions réglementaires s'est approché et a fait feu sur le condamné qui est tombé mort, ainsi que l'a constaté le médecin major commis à cet effet… »

Justice est faite. Le crime réparé, le minus éliminé.

Personne n'ira pleurer sur sa tombe. Encombrante, sa dépouille aura-t-elle vraiment eu une sépulture ?

Serait-ce simplement son inutilité qu'on a fusillée ? Des êtres inutiles il en existe partout, de tout temps. En temps de paix comme de guerre. Dans un cas on les met à l'écart, dans l'autre on les fusille.

On ne demande aux minus habens que deux choses, d'être des gens de peine ou des héros.

Et la guerre, qu'a-t-elle gagné à l'élimination de cet homme perdu ? Et le peuple français, a-t-il retrouvé son honneur, en est-il ressorti plus vaillant, moins pusillanime ?

Et lui, a-t-il vraiment compris ce qu'il venait faire dans ce brouhaha, dans cette cacophonie, cet homme arraché à sa terre, à son champ. Il a mal au ventre…

celui-ci gargouille-t-il de faim ou de peur ? Cette peur qui vous enlève tout appétit, toute volonté, toute notion des priorités. Il a perdu père et mère. A-t-il encore une fratrie à qui se rattacher, est-il seul, sans autres attaches que sa terre et ses bêtes ?

Fallait-il pour autant le descendre comme un animal sauvage, un insecte nuisible, fallait-il l'emprisonner comme un délinquant ou l'enfermer avec des aliénés. Fallait-il le laisser errer sur cette terre informe qu'il aurait parcourue au hasard, n'ayant pour boussole que sa détresse, aurait-il retrouvé le chemin de son village au milieu de cette boue ?

Aurait-il fallu le renvoyer à sa campagne ? Mais alors, de part et d'autre cela aurait été deux armées de minus habens qui seraient parties sur les routes, tournant le dos à cette campagne dévastée dont il ne restait que des noms de lieux qui n'étaient plus des lieux, mais des territoires informes. La guerre aurait perdu… et son sens et sa raison. Plus de batailles plus de héros. Les états majors et les ministères n'auraient plus rien compris, la honte aurait remplacé la gloire et la victoire.

Mohammed ben Djelloul A…

Engagé volontaire le 4/11/1916

Mort pour la France le 5 octobre 1918 au bois de la Punaise (Ardennes)

Genre de mort : tué à l'ennemi

Né le 16 décembre 1898 à Sidi Simiane (Alger)

Engagé volontaire. D'où lui est venue cette idée ? Par quel raisonnement et avec quels arguments fallacieux le sergent recruteur est-il parvenu à convaincre cet enfant de dix-huit ans à traverser la mer pour venir participer à ce jeu de massacre ?

Quelles ont été les circonstances de sa mort ? Quelle était sa profession et quels étaient les noms de ses géniteurs ? On ne le saura jamais.

Le fusillé, lui, a eu plus d'égards, on peut presque le faire revivre, connaître son caractère. Le « héros » indigène n'a droit qu'à un « mort pour la France ». Cela lui a-t-il conféré un beau trépas ?

Qu'a-t-il ressenti à l'instant fatal ? En a-t-il appelé à son dieu ? Lorsqu'il a senti que son esprit allait le quitter pour toujours, à la minute extrême, à l'ultime seconde où la conscience s'agrippe encore et se débat, a-t-il eu la force de maudire, en a-t-il seulement eu l'idée … ?

Deux indigènes engagés volontaires qui n'avaient pas bien soupesé le véritable sens de leur engagement, et qui ont terminé leur existence, l'un avec la mention

« fusillé », l'autre avec la mention « tué à l'ennemi ». Quelle différence ? Leurs proches, qui ne connaissaient pas les subtilités du langage militaire, ne l'ont sans doute pas saisie, dont la douleur a été semblable et la consternation également.

Mourir au bout du viseur d'un Gewehr 98 ou d'un Lebel ne change pas la nature des choses. Lorsque le grand trou noir se referme, ce qui s'était passé de l'autre côté n'a plus aucune importance.

En somme, quel fut l'intérêt de ces morts ? Celles-ci ont-elles du sens ? Pour les chefs de guerre, la réponse est affirmative, cela va de soi, mais pour eux, la question reste posée à jamais. Il en est de même pour tout questionnement sur le sens. Celui-ci n'est qu'une question de choix, selon qu'il convient ou ne convient pas.

***

Je n'ai pris que des cas de malheureux, sur qui la pitié peut encore s'exercer. J'ai laissé de côté les condamnations pour meurtres d'autres soldats ou de supérieurs. Je n'ai pas cherché si le taux de criminalité n'avait pas été amplifié par cette atmosphère de conflit permanent ni si celle-ci n'avait pas quelque peu perturbé le sens moral de quelques êtres qui n'avaient pas été séduits par les promesses de gloire et de victoire.

Jeté dans une cellule aux murs sombres et nus, j'attends mon exécution.

J'écris une dernière lettre. Qui ne partira pas, que personne ne lira.

L'aurais-je seulement écrite ?

Il y a deux jours, le verdict est tombé qui me met en attente de cet instant macabre où, de chaire vibrant des écoulements de mon sang, je deviendrai charogne.

Ce sang hérité de toutes ces hordes qui peuplèrent ces contrées, de tous ces êtres qui passèrent au travers des ignominies, qui enfantèrent au milieu des affres.

Cette charogne, qui n'appartiendra à personne, rejoindra la terre universelle.

Ma terre c'était ma patrie, la terre paternelle, mes champs, mes bêtes. Mes compatriotes : la Marie, les petits, les vieux, les voisins, les gens de ce bourg dont j'étais un bon citoyen.

Pour le reste, je n'ai de patrie que celle qu'on m'a donnée ou qu'on m'a imposée, ou alors celle qu'on m'a prise pour la donner aux autres, celle qu'on a refusé de me donner et dont on m'a privé.

Cette nuit mon cœur balance au son de cette douce musique échappée de mon enfance et qui venait à mes oreilles lorsque je passais à l'orée du village, devant les maisons bourgeoises dont les gramophones ou les pianos envoyaient leurs ondes voluptueuses dans ma campagne.

Ma campagne… qu'elle était belle en automne ! Lumineuse recouverte par hiver, sublime au printemps qui rejaillissait, gaie et apaisante en été. Je la vois, je l'étale devant mes yeux clos, je la sens, je l'entends et je la touche.

Je partirai avec elle. Elle m'emportera, ne laissant à la justice de ces combattants qu'un cadavre, une pourriture. Ils s'acharneront sur ce corps que j'ai déjà quitté. D'ailleurs, ce n'est pas ce corps qui les intéresse, ni même cet esprit qui flotte au-dessus de lui. C'est l'image de ma déchéance dont ils veulent se saisir, pour la brandir comme un sale drapeau, une guenille dégoutante que l'on fait renifler à la troupe pour la décourager de toute velléité de désobéissance.

Quand bien même la guerre aurait-elle parfois quelques vertus, quelques nécessités pour combattre des êtres démoniaques tentés par quelque démiurge, celle-là, je ne veux pas la faire. Éternel pleutre, héros des ténèbres, sans âme, je la refuse.

Déchet de la patrie, je retrouve mon humanité, je rejoins les renégats et les apostats. Je reprends mon être, je le subtilise à leur cérémonie macabre.

Je quitte la patrie, ce territoire qu'on occupe et que l'on refuse à l'altérité. Cette altérité qui est en moi et qui me fait autre, aussi bien envers ceux d'en face qu'envers ceux qui me mènent à l'assaut, et qui me crachent leurs invectives, et qui me jugent damné, et qui me chassent de leur patrie…

Et qui me condamnent à un éternel silence.

On ne me traînera pas jusqu'au poteau, je le rejoindrai. Je refuserai le bandeau, je partirai sans baisser le front, n'ayant de compte à rendre qu'à l'univers, cette immensité astrale qui seule est éternelle. Je ne suis plus de cette glaise éphémère. Poussière, je traverse le temps et les épopées qui me nient comme je les renie.

***

N'en déplaise à Pierre Teilhard de Chardin[7], ce n'est pas l'homme dans la tranchée qui est libre, c'est le condamné à être fusillé, car, n'ayant plus ni patrie ni ami ni ennemi, il n'a aucun rôle sur cette terre qui le rejette, il quitte le monde, reprend sa conscience morale et rejoint l'universel.

Dans les tranchées, le soldat est libre comme le prisonnier dans sa cellule. Sa liberté, il la perd dans l'instant même qui le mène à l'assaut des balles et de la mitraille. Survivant, il retrouve ce qu'il était et ce qu'il désire redevenir avec un peu plus d'horreur dans la tête et dans ses rêves.

La liberté dont parle notre théologien est celle d'un célibataire en mal de mysticisme qui s'abstrait du monde, aveu de son désintérêt pour l'autre en tant que vis-à-vis et pour la vie en tant qu'elle est, malgré la monotonie, dans le choix de tous les instants face à l'autre et à son propre destin parmi les autres. Tout à son âme et à sa jouissance intérieure, il est libre comme

---

[7] Pierre Teilhard de Chardin, jésuite français, chercheur, paléontologue, théologien et philosophe. En référence à son texte « La nostalgie du front ».

le stylite et l'anachorète. C'est le ciel qu'il aime, les hommes le gênent. Dans ce désert désolé de Verdun, c'est toute l'altérité dérangeante qui a disparu. Il se retrouve seul avec son confort mental, mauvaise conscience d'un mysticisme qui lui échappe. Narcisse sans miroir, il fait le vide existentiel autour de lui : « Ma liberté, c'est moi, et moi seul. » Le vrai désert est devant les yeux du condamné, le mystique, vrai ou falsifié, n'a devant lui qu'un mirage. Il n'a pas même la passion de la désolation, il n'a que son moi qu'il glorifie à l'extrême.

La guerre vue de l’arrière

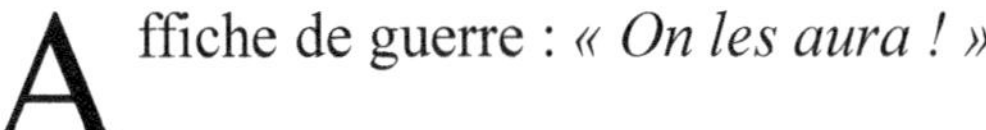

Affiche de guerre : *« On les aura ! »*

« Les » c'est les autres, là-bas, que je ne connais pas, qui ne me connaissent pas. Nous ne nous sommes jamais rencontrés. Je dis « nous » parce que cela nous rapproche. Cela nous oppose à eux. Eux qui se connaissent bien, qui se sont déjà serré les mains, peut-être embrassés, certains sont cousins. Peut-être qu'ils se tutoient. Installés dans leur confort dont ils savent que rien ne viendra le troubler. Assis sur des coussins moelleux ou sur du cuir rembourré, ils prennent la mesure des choses, ils nomment, ils décident, ils signent.

***

Propagandes de la guerre :

La guerre coûte cher, les femmes et les vieux prêtent leurs économies, ils souscrivent pour l'achat de canons, pour que la guerre continue. Pendant ce temps, le soldat fait de beaux rêves.

***

« La vie au grand air, la nourriture copieuse et abondante, l'exercice et la liberté de toute contrainte ou responsabilité maintiennent les soldats en excellentes conditions physiques et morales. » [8]

Ainsi décrivait la vie dans les tranchées, quelques mois après la terrible bataille de la Somme, lord Northcliff propriétaire du Times[9], dans une propagande à l'attention des familles américaines.

Est-ce une autre vertu de cette guerre d'avoir permis à ces valeureux soldats britanniques d'avoir accès à la haute gastronomie et au farniente à la française au beau milieu des affres et abominations de cette bataille sanglante ? L'hospitalité française aurait-elle été requinquée pour la circonstance par l'état major hexagonal afin d'offrir à la soldatesque de la « *perfide Albion* » des tranchées cinq étoiles ? Sans doute pour se faire pardonner les non moins perfides frasques d'un lointain empereur ?

« Le travail de Northcliffe et de ses journaux consistait à éloigner le public britannique des réalités de la guerre. Ils n'étaient pas intéressés par la vérité. La mentalité qui prévalait était de faire en sorte que la

---

[8] Tiré du site The conversation, Press baron and propagandist who led charge into World War, article de John Jewell

[9] Commentaire d'un film britannique sur la bataille de la Somme

guerre paraisse acceptable, juste et nécessaire. »[10]

***

Célèbre citation de Lloyd George, qui déclarait, en 1916, lors d'une conversation avec CP Scott, editor du Manchester Guardian :

« Si les gens savaient réellement [la vérité], la guerre s'arrêterait demain. Mais bien sûr ils ne savent pas et ne peuvent pas savoir. »[11]

***

Dessins patriotiques :

Première page de l'Illustration du 9 janvier 1915, entièrement occupé par un dessin : un tirailleur sénégalais en chemise de nuit immaculée, coiffé d'une chéchia, repose sur le lit d'un hôpital parisien entouré de deux charmantes infirmières. Légende du dessin : « Y a bon ! Kiki Taraoré qui a donné son sang pour la France reçoit ses étrennes ».

Dans la main une petite boîte au couvercle ouvert, qui ne semble pas contenir de la poudre de cacao.

---

[10] John Jewell, Press baron and propagandist who led charge into World War

[11] Cité par John Jewell, Press baron and propagandist who led charge into World War

Quitter l'Afrique et, après le froid, les boues, les charniers, offrir à son pays hôte une jambe ou deux, se retrouver dans un lit moelleux, dorloté par des créatures de rêves, avec un petit cadeau de Nouvel An... Y a bon !

Y avait-il aussi bon pour ses camarades descendus dès les premières salves, ou encore pour ces six Africains du 6e RMC (Régiment mixte colonial) retrouvés errant dans le village de Sedd-Ul-Bahr en Turquie, au beau milieu de la bataille des Dardanelles.

La bataille fait rage, les soldats anglais et français sont bloqués au pied du village Krithia situé en surplomb pris sous le feu de l'armée turque.

Le 2 mai 1915, quatre Sénégalais, deux Soudanais, dont les âges ne sont pas mentionnés, et un Français de vingt ans sont arrêtés à Sedd-el-Bahr, au bout de la presqu'île, à l'arrière de la ligne de combat, et jugés au cours d'un même procès le 4 mai 1915.

On interroge les témoins et les coupables, leurs réponses sont conservées dans les notes d'audience :

Maréchal des logis T... : J'ai arrêté le soldat L... qui m'a dit avoir mal aux yeux, je l'ai conduit au médecin-chef de l'hôpital de campagne qui l'a trouvé en proie à une forte impression nerveuse. Je ne crois pas que L... ait cherché à se sauver. Il m'a paru de bonne foi.

Gendarme B... : J'étais en service à la sortie du village, j'ai vu arriver en plusieurs groupes six Sénégalais sans armes qui m'ont dit vouloir prendre le bateau, ils se dirigeaient tous certainement vers la plage.

T... Tampsaba : Pas abandonné mon poste, plus de chef, plus de cartouches, moi tout seul chercher bataillon, venu jusqu'au village sans trouver

B... Bara : Moi chercher bataillon, plus de chef, pas vouloir prendre bateau

K... Véo : Mois bon soldat, bien battu Maroc, en France, pas vouloir partir, pas jeté fusil

M... Dioup : Plus capitaine, plus sergent, plus cartouches, venu chercher bataillon, pas vouloir sauver

B... Taroé : Par jeté fusil, c'est gendarme qui l'a pris, pas aller prendre bateau, plus personne, venu chercher camarades.

S... Loulibaby : Moi rien mauvais, tout bon, pas voulu chercher bateau, pas trouvé fusil touché, plus de cartouches, cherché bataillon

L... Pierre : Je m'étais battu toute la nuit, un de mes amis est tombé à mes côtés, une balle a passé devant moi et je n'ai plus vu clair. J'ai eu des convulsions nerveuses, je suis réformé de la classe 1914. Je n'ai pas peur, je n'ai pas voulu me sauver, mais me faire soigner. Je venais d'être mis en réserve et je me rendais à l'hôpital de campagne pour me faire soigner quand j'ai été arrêté. Je demande à retourner en 1re ligne.[12]

Les six Africains sont condamnés à mort à l'unanimité de trois voix et fusillés le 4 mai 1915, Pierre

---

[12] Site internet « Mémoire des hommes » du ministère des armées.

L… est acquitté par deux voix contre une.

La force du verbe, le pouvoir de la rhétorique, la facilité d'élocution sont l'apanage de ceux qui ont bénéficié de l'instruction pour tous, laquelle s'est arrêtée aux portails de l'empire. Une phrase tronquée de ses auxiliaires, de ses pronoms et de ses verbes est un ensemble de mots nus, dérisoires, qui donnent le doute sur la moralité du locuteur et laisse transparaitre sa fébrilité. Les êtres fébriles sont corvéables à merci et passible d'être éliminés sans sommation à la moindre faiblesse.

***

Un dessin publié dans l'Illustration du 16 novembre 1918 et titré « Au musée de l'armée » représente un Napoléon en tenu de campagne faisant le salut militaire devant le casque d'un poilu enchâssé dans un cadre en verre. Dessinateur ironique ou simplement inconscient ou mal informé d'aller représenter, face au poilu, cet ambitieux César dont les guerres, qui ont duré plus de 20 ans, ont ruiné le pays, l'ont affaibli sur le plan diplomatique, lui ont fait perdre des territoires en faisant entre 3 et 6 millions de morts, militaires et civils confondus. Misérable bilan, sans doute, comparé à ceux des guerres universelles du siècle suivant qui s'enorgueillissent de 18,6 millions de victimes pour la première et de 60 millions pour la seconde, sans parler des blessés, avec une durée relativement brève de 4 ans. Il eu été, néanmoins, mieux inspiré de s'en tenir à son rôle de commanditaire du Code civil, ce génie militaire dont certaines tactiques de combat, pourtant à l'origine de ses propres défaites, ont contaminé jusqu'aux généraux de la Première Guerre mondiale qui envoyèrent à une mort inéluctable des millions de citoyens. Ses frasques guerrières sont également à l'origine de la militarisation des nations nouvelles qu'elles ont créées. La plupart des guerres ayant pour origines celles qui les ont précédées, le « grand homme » fut un modèle pour les petits César en quête de gloire.

***

L'hebdomadaire humoristique Le Pêle-Mêle, qui faisait de la guerre ses choux gras, avait pris le parti de l'amusement et de l'hilarité, ayant pris à la lettre la recommandation de Beaumarchais : « Je me presse de rire de tout, de peur d'être obligé d'en pleurer ».[13]

Devant les désastres et les désolations, devrait-on plutôt opter pour le fatalisme avec William Shakespeare: « Les uns doivent rire et les autres pleurer, ainsi va le monde. »[14] ? En la circonstance, on préférera, sans conteste, se joindre à Jean de La Bruyère pour affirmer « Il faut rire avant que d'être heureux, de

---

[13] Pierre-Augustin Caron de Beaumarchais ; Le Barbier de Séville

[14] Hamlet

peur de mourir sans avoir ri. »[15]

Rire ou sourire comme ce bon Français[16] :

— *« Autrefois, j'avais mes fils sur les bras et je m'en plaignais...*
— *.... maintenant, je les ai tous les quatre sur le front et j'en suis fier. »*

[15] Jean de La Bruyère ; Les caractères, Du cœur

[16] Le Pêle-mêle du 2 janvier 1916, Composition de E. Brod

Des lettres... et une guerre

Marie,

Je ne rentrerai pas pour Noël.

Je reste ici pour savoir si l'autre, là-bas, ne va pas surgir d'un moment à l'autre pour me surprendre et me voler cet arpent de boue que je lui ai repris à l'aube d'un matin où j'étais vaillant. Je reste ici, car si celui d'en face ne danse pas, il se pourrait bien qu'il vienne envahir mon fossé, ce profond sillon où je plante mes victoires comme d'autres leur désespoir. Il n'est pas trop tard pour être un héros dans cette guerre éternelle qui n'a jamais commencé et qui se prolonge indéfiniment.

Tu verras Marie, il est beau ton soldat ! Déjà un peu galonné, il porte fièrement le bleu horizon.

Je ne rentrerai pas, car cette sublime campagne m'a aspiré et m'envoute. J'ai besoin de ce désert de boue pour être un peu plus moi-même. Je ne suis plus ce stupide et maladroit pantin qui marchait au pas dans les parades. J'ai quitté le rang des mesquines habitudes des planteurs de haies et des balayeurs de trottoirs. Ici je suis prince devant les étendues minérales.

Cette nuit, je me suis rêvé oiseau, épervier volant au-dessus des dunes envahies par des cohortes de tigres et des bataillons d'esclaves. Au loin, je voyais cette mâle lueur du soleil levant comme un étendard sanglant qui annonçait la gloire.

Sur ma table de travail, ces vieilles lettres que je lis et relis. Des êtres qui ne sont plus et qui sont encore là, dans ces mots, ces craintes, ces émotions, ces douleurs.

On écrit beaucoup pendant ces quatre années de désolation.

Plus de quatre milliards de lettres auraient été échangées durant les quatre années du conflit. Le bureau central militaire de Paris en voyait passer quatre millions par jour et 200 000 paquets transitaient chaque jour entre le front et l'arrière[17].

S'il fallait trouver quelque vertu à cette guerre, elle serait de nature épistolaire. Les hommes et les femmes s'épanchaient, osaient l'impensable, avouaient l'inavouable, se confiaient ce qu'ils ne s'étaient jamais dit ni osé dire.

Parce que de près, face à face, on ne se raconte pas, on échange des petites choses, on se chamaille pour d'insignifiants quiproquos, ou alors on médit sur l'entourage. On meuble les échanges verbaux par des considérations sur la grosseur des gouttes de pluie ou la consistance des nuages. Dans l'habitude de la présence on ne sait plus très bien ce qui nous relie à l'autre ni pourquoi on est là en face de lui. On reste les uns à côté des autres par habitude, parce qu'on n'a pas le choix.

L'éloignement, la solitude dans cette foule de

---

[17] Comité du centenaire de la guerre 1914-1918 du Haut Limousin

soldats, au sein de cette masculine promiscuité, le lien s'épaissit en un cordon qui nous ramène aux êtres qu'on a le plus connus et qui savent de nous ce que les autres ignorent.

Dans une lettre de guerre, la description d'une ondée prend des accents tragiques, avec la moindre considération sur le quotidien, on entre de plain-pied dans le drame.

Qui sait encore écrire des lettres sachant dire ce que la vie raconte ?

Il y a longtemps que je n'ai plus écrit de lettres.

Je ne communique que par messages électroniques. Ce message de quelques kilos d'octets, que l'autre, qui est tout près, sur une distance de quelques secondes, lira dans l'instant. Ce message, qui n'a pas de goût ni même d'odeur, fade, se diluera dans l'atmosphère de son ordinateur et de la musique qui en sort et qu'il a programmée.

La lettre, je l'envoyais dans le temps et l'espace. Elle parvenait quand j'étais déjà autre part, déjà un autre. Quand je l'avais probablement oubliée parce qu'elle n'était qu'en une seule dimension. Je collais mon ADN sur le papier souillé de mon souffle et de la sueur de mes doigts. J'y calligraphiais mes sentiments dans une syntaxe aussi maladroite que son orthographe, n’ayant pour correcteur que mon impression. Elle était ensuite trimbalée, tripotée, ballotée, avant que l'autre la découvre, la soupèse, l'interroge, et qu'enfin, il en pénètre l'atmosphère et la déchiffre, qu'il ressente ce que j'avais senti et que j’avais essayé de dire. Qu'elle ait été ou non bienvenue, peu importe, elle était ineffaçable, il fallait la jeter ou la brûler, ce n'était plus du papier, c'était moi qu'on touchait, qu'on lisait, et qu'un jour on brûlerait.

Dans la solitude de cette furie guerrière, comment se raconter et à qui ? Et celui qui le faisait, avait-il dans les doigts la souplesse nécessaire au tracé de caractères déchiffrables et capables de transmettre les frissons, les petites et les grandes peines, les désirs, les envies de tendresse, celle que l'on reçoit et celle que l'on donne.

Écrire, c'est toujours un peu monologuer avec les autres. Graver avec un crayon de fortune, en une calligraphie désolée, un message pour crier « J'existe, je suis là », comme preuve de soi.

Mais celui qui n'avait pas de papier, qui n'avait pas de crayon, qui ne savait pas écrire, que faisait-il de son récit, à qui le racontait-il ? Par quelles vibrations et où l'envoyait-il ?

Celui qui n'avait pas pu, ou voulu, griffonner ses états d'âme, les a-t-il figés dans son crayon ? Les a-t-il jetés au vent ? Les a-t-il enfouis dans cette terre maudite ? Les a-t-il gravés sur la crosse de son fusil ou tirés sur l'ennemi ?

Entre les batailles et salves létales, il y avait des instants de sérénité, d'oisiveté, pendant lesquels les combattants écrivaient, communiquaient avec la mère, le père, la sœur, le frère, l'amie ou l'ami, ou la compagne. On se racontait sa guerre.

Le 16 décembre 1915, l'aspirant Maurice P… écrivait une lettre à son frère, le sous-lieutenant Henri P…[18]

« Mon cher Henri,

Les dernières nouvelles que j'ai eues de toi datent de ton retour à Salonique. Au temps pour moi ! Ta carte du 4 décembre arrive à l'instant et me prouve au contraire que tu te balades de nouveau. J'espère que tu auras pu retrouver le commandant S... et que tu es maintenant avec lui. Si tu dois rester là-bas, il vaut mieux être en pays de connaissance. Ici, rien de nouveau. On commence à fraterniser avec les Boches. Ils sont assez gentils pour nous prévenir quand leur artillerie va tirer. Ils nous proposent des cigares, nous leur envoyons du pain. Mais il y a aussi échange de pruneaux de temps en temps. Il est probable que l'hiver sera calme dans notre secteur. Malheureusement que de boue ! Que d'eau ! Tous nos abris s'effondrent, les talus dégringolent dans les abris. On fait le terrassier, mais la guerre, jamais ! Du moins je ne la pensais pas comme cela. En Serbie, on a dû voir ce que c'était. Il faut que je t'apprenne que je viens d'être cité à l'ordre du CA : « a toujours rempli parfaitement les missions qui lui étaient assignées, et a fait preuve en maintes circonstances dans le feu le plus violent de beaucoup de

[18] Les lettres qui suivent ont été écrites par mes aïeux Henri et Anna P… et leurs trois enfants, Marcelle, Henri et Maurice.

courage et de sang-froid » ! En réalité je dois dire que je l'ai échappé belle deux fois de suite. D'abord un jour ou un 210 est tombé en plein sur notre observatoire. Tout ce qui était dedans en miettes, moi je n'étais qu'à côté. Il était moins cinq. Deux jours après, je vais en liaison en première ligne, une torpille éclate à l'entrée de notre cagna. Le maréchal des logis est tué net. Le téléphoniste a le crâne défoncé, mais s'en tire tout de même. Moi je suis foutu par terre, mais pas une égratignure. Tu parles d'une veine.

Papa ne pense pas partir en janvier. Je pense que d'ici là il aura vu les étoiles couronner ses palmes et sa rosette. L'autre jour on a fait passer celui qui le suivait immédiatement. C'est incompréhensible ! Je crois qu'il commence à la trouver mauvaise et à se faire du mauvais sang. À part cela il va très bien, moi aussi d'ailleurs. Je t'embrasse de tout cœur. Ne souffres-tu pas trop du froid ? Écris-moi. À toi.

Maurice. »

Le pire dans cette guerre, le plus terrible, ce qui la salit et la rend plus détestable que toutes les autres, plus que le nombre de morts, plus que les boucheries inutiles, que cette désolation boueuse, c'est que les combattants n'avaient pas même de haine les uns pour les autres.

Car, enfin, quelle était l'utilité de cette guerre où un jour on s'envoyait du pain et des cigares, le lendemain des salves létales ?

Quels étaient ces héros qui se lançaient des politesses par delà les barbelés ? Avaient-ils bien compris que la fraternité n'y avait pas sa place, elle ne devait pas s'aventurer au-delà des tranchées ni traverser ces étendues sans âmes. Là bas, ce n'était pas un ami, c'était un soldat qu'on poussait au combat et qui tenait baïonnette par fidélité à son empereur.

On les avait pourtant bien mis en condition ces combattants. « Regarde bien là-bas ! Regarde-le ! Il te tient dans sa mire, il te veut. C'est ta cervelle ensanglantée, c'est ton corps pantelant qui l'inspire. Sans ton sang répandu, il ne pourra rejoindre sa patrie sans honte ni sans déshonneur. Regarde ton frère tombé dans la boue, c'est lui qui l'a tué ! »

Lors de la prise du fort de Vaux par l'armée ennemie, les soldats français évacués et faits prisonniers sont salués par les soldats allemands au garde-à-vous pour rendre honneur à leur bravoure.

Les soldats anglais, quant à eux, distribuaient des cigarettes aux prisonniers allemands.

Le matin de Noël 1914, Ploegsteert, à proximité de la frontière franco-belge, des centaines de soldats anglais et allemands sortent des tranchées et se retrouvent dans le no man's land pour un match de football.

Alors que par nature une guerre est pourvoyeuse de haine, ici, l'horreur rapprochait les ennemis de base.

C'est là un des paradoxes de cette guerre voulue par des cousins qui se chamaillaient pour des bouts de terre qui ne leur appartenaient pas : des soldats à l'âme propre dans une guerre sale.

Une guerre sans haine est une guerre inutile, incongrue, un mauvais jeu sans règle.

21 février 2016, deuxième dimanche de Carême.

Sur Internet, à cette date, on y trouve cette prière du carême 2016 :

« Dans la joie de ton alliance,
Père éternel,
Tu nous donnes ta création merveilleuse,
Éternel reflet de ta beauté,
Tu nous as créés à ton image et à ta ressemblance. »

21 février 1916, 6 heures du soir, le soleil se couche sur Verdun.

C'est toujours le même soleil, mais ce n'est plus Verdun.

Un million d'éclairs. La foudre s'est abattue sur cette campagne, détruisant les plantes les animaux les insectes les clôtures les murets les jardins les potagers les toits, toutes les choses de la vie quotidienne. Les chemins eux-mêmes ont disparu qui ne menaient déjà nulle part. Cette campagne sans habitants s'est vidée de tout pour se remplir de chaos.

Le septième jour… 27 février 1916, deuxième dimanche de Carême.

Hormis la boue, les débris de tout recouvrant des corps de personne, il ne reste plus rien : anéantissement total des créatures.

Pour l’homme furieux, la nature n’est plus cette mère nourricière à laquelle il avait recours pour se vêtir, se divertir, s'instruire, inspiratrice de son art et de sa science. Plus qu'inutile, devenue une gêne, il la dépouille, l'éradique pour voir son contraire, l'homme nu.

Ne reste en lice que soldats contre soldats. Si l'on voulait verser dans le grandiloquent on dirait que l'homme était face à lui-même, mais ce n'était même plus ça. Cela a-t-il d'ailleurs jamais été ? Y a-t-il une réflexion philosophique ou existentielle sous les bombes ? La guerre ne fut une révélation que pour les pieux penseurs épargnés par les obus. Elle ne fut stimulatrice de la pensée que pour ceux qui, auparavant, pensaient déjà, pour les autres fut-elle autre chose qu'un trou ou un tombeau ?

Les batailles ont bien inspiré quelques poètes, mais souvent après coup et certains se sont essayés à les décrire avec des envolés lyriques, mais avaient-ils vraiment participé ? Avaient-ils trempé leurs plumes dans le sang de ces orgies de sabres et de poudre ? Un poète présent au combat griffonne dans les trous avec le noir de son crayon sur du mauvais papier. Il ne retouche pas ses strophes, il les crache comme des glaires visqueuses mêlées à du sang et de la boue. Il brise la rime en écorchant la syntaxe. Ce n'est plus un poème, c'est une invective, un cri.

Verdun, c'est du vampirisme.

L'objectif d'Erich von Falkenhayn, chef d'État-Major de l'armée allemande : une offensive écrasante afin de saigner à blanc l'armée française. Vider l'homme de son sang afin d'ensanglanter les étendards. L'homme n'est pas un monstre, c'est un guerrier. Il traque l'homme et veut l'anéantir avec acharnement.

Verdun.

Une bataille mythique. Dix mois de boucherie. Résultat militaire : nul. Entre 700 000 et un million de morts, tous combattants confondus. Un prix exorbitant pour une si petite place dans la mythologie.

Verdun.

Des croix, des croix, des croix… en dessous des cendres, des os, de la terre.

Ne venez pas dans ce mémorial, n'y venez pas, vous ne verrez ni leurs vertus ni leur poussière. Seul le souffle du vent passe par là, venant de nulle part, ne sachant où aller finir sa course, faisant frémir ces arbres venus beaucoup plus tard et qui ignorent tout.

30 mars 2016

« J'ai acheté des graines de gazon, les ai éparpillées sous la balancelle. »

En rentrant, nous nous sommes balancés quelques instants.

Devant : la mer, la mer, l'océan infini qui rejoignait les cieux, là-bas où se perdaient les nuages. Quel calme, quelle volupté ! Le temps n'avait plus d'importance, l'espace était là, l'univers c'était ça.

Je ne sais plus depuis quand je suis devenu ce que je suis. Cet être serein, sans trop de haine, sans bien savoir s'il doit être contre ou pour. Sans toujours comprendre qui est responsable de l'imperfection. Incapable d'accuser, de stigmatiser ou même de proposer. N'ayant jamais su s'il fallait marcher à droite ou à gauche ou rester dans le milieu du chemin qui mène inévitablement, par inertie, à ce que sont les choses et à ce qu'elles deviennent.

Il est toujours hasardeux de penser qu'on a raison. À avoir des certitudes, on perd toujours quelque chose. La vérité est une notion que l'on ne trouvera dans aucun précis de logique pas plus que dans un manuel d'éthique. Elle est l'apanage des dieux et de leurs adeptes.

« P… Maurice, aspirant à la 44e batterie du 20e régiment d'artillerie : jeune aspirant plein de bravoure et d'entrain ; a été blessé mortellement le 30 mars

1916, à la tête de sa section qu'il conduisait de nuit à une nouvelle position de batterie ; n'a consenti à être transporté au poste de secours qu'après avoir donné des ordres et pris les mesures nécessaires pour assurer l'exécution de la mission qui lui avait été confiée. Déjà cité à l'ordre du corps d'armée pour sa belle conduite au feu. »[19]

[19] Journal officiel du 14 juin 1916

6 avril 2016.

Les cerisiers, qui bordent l'avenue depuis la gare jusqu'à mi-colline, sont en fleurs. Tous les quatre, nous nous promenons sous ces arbres rose pâle.

Il fait soleil, une légère brise égrène quelques pétales qui viennent tapisser le trottoir et la chaussée.

Main dans la main, elle et moi, nous marchons les yeux dans ces arbres sans feuilles envahis par les fleurs.

Je ne pourrais me passer d'elle. Le pourrait-elle de moi ?

L'un à l'autre. Toi et moi, ici, face à face, côte à côte. Partout où je suis, tu es.

Nul besoin d'une passion dévorante, souvent annonciatrice de rupture, de déchirure ou d'un ennui qui s'installe insidieusement.

La rencontre de la bonne personne, au bon moment, au bon endroit.

C'est l'affection qui compte. Ce petit quelque chose qui fait que toi sans moi, moi sans toi, c'est comme une mer sans vagues et sans écume.

Un pacte tacite de fidélité pour faire mentir ce titre de film que j'avais trouvé terrible : « Nous ne vieillirons pas ensemble. »

Lorsque le lien manquait de consistance, la séparation, avec le temps, même si elle était une écorchure, devient une bénédiction.

Mais si celui ou celle qui s'éloigne pour toujours est

sorti de sa chair, s’est incrusté au plus profond de son existence, sa disparition devient alors une déchirure qui suinte, une fragmentation perpétuelle de l’être.

6 avril 1916.

L'aspirant Maurice P…, 20 ans, décède de la suite de ses blessures.

20 ans, ce n'est pas forcément le plus bel âge, mais on en a des choses à découvrir, des projets, des horizons à parcourir, des voyages à faire, des terres à explorer, des montagnes à gravir, et surtout des revanches à prendre ! Mourir à vingt c'est insupportable. Envoyer un homme de vingt ans au massacre c'est innommable.

Lettre du sous-lieutenant Henry P… (fils) à sa mère, le 14 avril 1916.

« *Ma chère maman, j'ai déjeuné hier avec le Cdt S. ; j'ai appris que ma permission que j'attendais pour le 10 mai est supprimée ainsi que les autres à partir d'aujourd'hui. Je suis donc obligé de t'écrire tout ce que j'aurais voulu t'exposer de vive voix.*

C'est la première confidence que je te fais, la première fois que je t'écris vraiment comme à une mère avec la franchise et la confiance que mérite ce titre.

J'ai attendu que tu sois prête à venir dans cette maison ou habitat si longtemps ce cœur fait de bonté, de générosité et d'indulgence légendaire, et où j'aurais aimé te retrouver. J'ai voulu aussi être sûr de mes sentiments et enfin je désirais que tu puisses te rendre compte toi-même et d'une façon concrète de leur objet.

Il faut que tu ailles à G..., 3, place aux H... ; tu demanderas Mademoiselle Marguerite C..., la soeur de ma propriétaire. C'est ma marraine et ma fiancée.

Mon camarade M... avait pendant son service loué une chambre chez ses parents et cela fut l'occasion, il y a trois ans, de la connaître. Des liens très vifs de sympathie puis d'affection naquirent entre nous. Pendant cette année Marguerite perdit sa mère, puis son père. Elle vit depuis avec sa sœur, plus âgée de dix ans. Le désespoir qui s'empara d'elle à ce moment ne me laissa aucun doute sur la pureté et la force de son amour filial. Tu jugeras par toi même que d'autres qualités de cœur et d'esprit animent cette jeune fille que j'ai choisie pour femme. Voilà ce que je voulais te dire : je suis absolument décidé à l'épouser parce que ce n'est qu'avec elle que mon bonheur est possible. J'ai trop senti depuis que nous aimons combien notre séparation est atroce. Au cours des heures lamentables que j'ai vécues, j'ai eu peur de la violence de mes sentiments : je me suis demandé jusqu'à quel point la société a le droit d'étouffer ma jeunesse et d'empêcher mon bonheur ; j'ai eu des idées folles que je n'ose t'avouer, mais que je veux te laisser supposer pour que tu comprennes que toi seule, peux, en m'accordant ce que je vais te demander, me donner la patience nécessaire pour supporter les longs mois que j'ai encore à vivre de cette façon. Les meilleurs instants du présent sont ceux qu'on passe à se souvenir et à espérer. Si tu détruis tout espoir, j'ai peur de me révolter contre la destinée.

Je viens te demander de prendre avec toi Marguerite pour la connaître, pour te convaincre qu'elle est capable de me rendre heureux et que ce n'est pas déchoir que de choisir pour femme une jeune fille qui n'est pas née riche, mais dont l'honnêteté est irréprochable et l'éducation parfaite. Emmène là quelque part où tu seras tranquille, à Pl… ou ailleurs, et tu verras que ma chère Marguerite est digne d'entrer dans notre famille.

Je ne veux pas te dire ses qualités ; tu les découvriras et tu l'aimeras, j'en suis sûr ; elle t'aime déjà, comme sa propre mère que tu remplaceras.

Je prévois combien d'objections se lèvent en toi : ne

m'en parle pas, elles sont toutes de principe. Il faut que tu voies. Je gagne 430 francs par mois et j'en économise 350. Bientôt je ne dépenserai même plus rien puisque nous allons partir. J'aurai donc à la fin de l'année avec ce que m'a laissé mémé et ce que j'ai à Paris une douzaine de mille francs joints à la dot que lui fait son parrain et à ce qu'elle possède cela fait une somme. Comme Marguerite s'habille chez elle - et toujours parfaitement - qu'elle est très économe et adroite de ses mains, ce capital représente un bon appoint.

Quant à moi, comme la guerre se prolonge, je suis sûr d'être sous les armes plusieurs années encore - la solde me permettra d'attendre que j'aie passé des examens et trouvé une situation plus rémunératrice.

Enfin ma chère maman, mon désir de connaître enfin le bonheur est si violent et si sincère que si vous refusiez de me l'accorder vous savez trop bien que dans quelle impasse je serais placé. Quant aux préjugés, je te dirais de suite que j'en ai fait bon marché : il serait vraiment exorbitant que la société qui prend notre jeunesse et une partie de notre existence pour la défendre, nous interdise de connaître un bonheur dont l'origine serait contraire aux règles rigides qu'elle a posées. D'ailleurs je te le répète, les préjugés tombent en face de la réalité.

J'ai voulu être loyal et sûr de moi même. Si je suis parti en Serbie c'est que je l'ai demandé moi-même, par lettre, au ministre de la guerre quand j'étais à Tarbes. Je pensais en allant si loin changer mes idées, ne plus pouvoir écrire et ne plus recevoir de lettres. Mais mes sentiments sont trop ancrés maintenant : ils ne font que se renforcer de jour en jour et les larmes que Marguerite a versées les jours de mes départs, pour la guerre, à mon retour, à mon autre départ, la sincérité de ses accents, enfin mille autres choses, et surtout son désintéressement vraiment extraordinaire ne m'ont jamais laissé de doute sur son amour.

Je suis persuadé qu'une fois sa connaissance faite tu ne pourras plus me dissuader d'une union que des préjugés vieillis semblent devoir condamner d'avance. Tu seras touchée par les grandes qualités de Marguerite. Aussi je te supplie de faire ce que je t'ai dit. Va la voir et ramène là pour me la garder. Tu n'auras pas grand-chose à faire pour la rendre meilleure. Elle est croyante. Elle prie chaque jour pour moi ; ensemble nous avons fait brûler des cierges pour notre amour et pour ma vie ; elle adorait sa mère ; sa conduite est irréprochable et sa santé parfaite. Tu la trouveras jolie et charmante.

Rien ne pourra plus changer des projets que je fais depuis trois ans bientôt, dont je me berce pendant les heures infiniment longues et déprimantes de l'inaction. Aujourd'hui que nous allons prendre le contact, j'aurai plus de cœur à faire mon devoir si je sens Marguerite près de toi.

Ne me refuse pas cette chose qui me plongerait dans le désespoir. La force morale a des limites : la mienne est à bout. Je n'attends plus qu'une joie (on n'a même pas celle de battre l'ennemi) c'est que tu accueilles ma fiancée : elle est digne que tu l'aimes.

Ne me réponds pas si c'est pour me dire non. Je serais capable de tout pour échapper à cette destinée lamentable. Donne-moi au contraire la force d'attendre avec confiance : prépare mon bonheur pour que j'oublie ces tristes heures et que je reste ton fils honnête, courageux et aimant. »

Avenir, solidarité, humanité, bonheur, joie, plaisirs. Ces grands absents de la Marseillaise raisonnent dans cette atmosphère printanière qui dévale des collines fraichement boisées. La bouscarle chanteuse, ce passereau qu'on appelle ici ougouïssu, se démène pour nous apporter de la joie et surtout le bonheur, cette nonchalance langoureuse, aux confins de l'ennui, quand rien, ni regrets ni projets, ne vient déranger cette satisfaction de vivre.

Mon ordinateur m'envoie dans les oreilles cette musique de luth baroque qu'autrefois on avait composée pour rappeler aux esprits qu'il existe d'autres plaisirs que les joutes et d'autres mélodies que l'hallali.

Aujourd'hui, l'océan est calme, il y a bien quelques stries argentées dues au vent du sud qui ride sa surface et apporte cette douceur.

Les joies de la nature sont de retour.

Et pourtant…

Elle est bien triste cette langueur qui redescend du siècle.

J'ai toujours sous les yeux ces lamentations centenaires qui ne cessent de m'envahir.

La musique est bien triste. La mélodie du luth prend des accents de larmes qui coulent dans les mots et descendent dans mon corps.

Il aura donc fallu ces lettres pour me raconter ces êtres, ces douleurs. Enfant, je les avais bien vus ces visages encadrés posés sur un guéridon ou crochetés à un mur. Mais ils ne disaient rien. Comme ces statuts antiques, sans chair, ils n'étaient pas là. Avaient-ils seulement existé ?

On m'avait bien dit qu'ils étaient morts à la guerre. Mais, était-ce si important ?

Est-ce si important ? Puisque de toute façon, maintenant, ils seraient déjà morts. Alors, être mort il y a cent ans, il y a 30 ou il y a 20 ans, c'est la même chose. Ça n'a plus d'importance.

Maintenant, il fait nuit. Par la fenêtre j'aperçois les lumières de la bourgade, le feu, là-bas, sur l'autre colline, en haut de la pente, qui passe tantôt au vert, tantôt au rouge. Toujours les galets qui s'entrechoquent dans la vague. Le dernier train qui passe avec un bruit de cheval au galop. Le grondement d'une voiture qui passe.

Ici tout s'enfonce dans la somnolence.

Quelle insouciance !

Là-bas, quelque part, on tue quelqu'un.

Pour quelque chose, sans doute. Ou pour rien.

Ici, il y a quelque temps, un homme a tué une voisine. À la question sur les motifs de son acte, il a répondu qu'il avait voulu « savoir ce que ça faisait de tuer quelqu'un ». Depuis des années, il avait cogité cet instant où il pourrait enfin connaître cette sensation. Tuer.

Ce soir, à la seconde même où je termine cette phrase, il ne fait absolument aucun doute que, quelque part, on tue quelqu'un ! Peut-être seulement frapper. Mais tabasser quelqu'un ou le tuer, ce n'est qu'une question de degré. Le plaisir d'anéantir l'autre.

Et puis il y a cette lettre d'Henry P… (fils) à sa mère, Anna, le 18 avril 1916, qui me raconte une histoire qui ne se terminera pas. Elle ne parle pas d'amour de la patrie.

C'est peut-être une histoire de tyrannie.

« Ma chère maman,

J'ai un cafard sans nom ; j'ai eu une si grosse déception en apprenant que je ne pouvais aller en permission! Et puis toujours les mêmes idées, les mêmes conversations, les mêmes pensées qui se résument à deux. Quand cela finira-t-il ; quand reverra-t-on ceux que nous aimons ? Rien qu'un amas d'hypothèses informes pour répondre à ces questions qui sont toute la vie ...

Tous les officiers sont las, découragés, ne pensent qu'à la bienheureuse blessure ou à la maladie qui les fera évacuer. Les groupes des soldats soumis depuis six mois à un travail de machine protestent sourdement. Les malheureux territoriaux cassent des cailloux sur les pistes brûlées de soleil, qu'ils empierrent lentement comme si nous devions rester ici des années.

Et pour finir, on lit dans les revues de Paris, dans des journaux que la guerre doit durer de trois à cinq ans. Plutôt se faire tuer tout de suite que de traîner misérablement les heures avec l'espoir toujours renvoyé qu'on les battra au printemps prochain ! Vois tu, il n'y a plus qu'une chose qui puisse me garder dans le droit chemin, c'est que tu prennes Marguerite avec toi.

Autrement je me fiche de la vie qui ne peut plus m'apporter que les souffrances que je connais depuis deux ans et auxquelles il n'y a que deux moyens d'échapper. Ne me laisse pas plus longtemps dans une incertitude qui ajoute encore aux impatiences douloureuses. Tristes Rameaux et tristes Pâques !

Enfin, dans une quinzaine nous serons à la frontière. C'est là que je recevrais la bonne nouvelle. Tu auras vu ma chère Marguerite, tu seras conquise par son charme, son bon cœur et tu verras comme elle m'aime ...

Je t'embrasse bien fort, tu es mon dernier refuge, ma chère maman.

Ne parle pas de ces choses à Papa avant d'avoir vu toi-même. D'ailleurs ma résolution est en moi depuis bientôt trois ans. »

Avec cette guerre, s'est posée de façon particulièrement aiguë la question de savoir si la vie avait un sens.

Et peut-être de façon encore plus déchirante, si la mort en avait un. Mais se l'est-on réellement posée ?

Concernant la vie, c'est en général une question sans grand intérêt, que les gens occupés ne se posent pas. C'est dans l'oisiveté qu'on se la pose ; dans les amphithéâtres ou à l'ombre des temples.

Dans les derniers instants de son existence, dans la minute extrême, on est seul en face de toutes ces questions, qu'on ne se pose plus. Et quelques secondes plus tard, la vie s'en va et emporte avec elle sa signification.

Quant à la mort, c'est une question totalement inutile sur laquelle seuls les mystiques prennent un curieux plaisir à spéculer.

En temps de guerre, cependant, point besoin d'être moine, philosophe ou poète. Les visions d'horreur, la peur, les tremblements eux-mêmes vous les posent. Un simple frisson suffit.

On aurait aussi pu se demander, de façon plus méchante, si la guerre donnait un sens à l'existence ou au contraire la lui retirait. Ou encore, si la mort pouvait donner un sens à la vie. Certains diront que c'est absurde, que la vie n'ayant de sens qu'en elle-même, il est vain d'aller lui chercher une signification en dehors d'elle-même, qui plus est dans sa négation.

Et pourtant…

C'est l'un des paradoxes de la guerre.

Celle-ci étant l'une des rares situations où la mort ait un sens…

Elle a un sens parce qu'elle est nécessaire.

Et quand un général envoie ses hommes à l'assaut, il sait…

Non seulement il sait, mais il programme…

On appelle cela des « *sacrifices sanglants* ».

« Pour vaincre, il faut rompre par la force le dispositif de combat de l'adversaire.

Cette rupture exige des attaques poussées jusqu'au bout, sans arrière-pensées ; elle ne peut être obtenue qu'aux prix de sacrifices sanglants. Toute autre conception doit être rejetée comme contraire à la nature même de la guerre. »[20]

« La victoire est le prix du sang. Il faut l'adopter ou ne pas faire la guerre. »[21]

Cela fait partie des principes de la guerre qu'on enseignait dans les écoles militaires durant les années qui précédèrent le premier conflit mondial et qui ont été

---

20 Bulletin officiel du ministère de la guerre N° 76, Conduite des grandes unités 1913.

21 Carl von Clausewitz, officier général et théoricien militaire prussien, cité par le lieutenant-colonel Ferdinand Foch dans ses conférences « *Des principes de la guerre* » à l'École supérieure de la guerre.

appliqués avec un « succès » certain pendant les premiers combats des années 1914 et 1915.

Les soldats allemands qui, eux, n'avaient pas eu la chance de recevoir l'enseignement d'aussi judicieuses tactiques — à moins qu'ils n'aient été, au contraire, bien renseignés sur le grand crédit accordé à ces stratégies héritées, paraît-il, des grandes épopées napoléoniennes — attendaient patiemment, à l'affut dernière leurs confortables tranchées, afin d'accueillir ces vaillants soldats, en toute simplicité, avec des Maschinengewehr (cinq cents coups à la minute) : hécatombes, carnages, massacres à la mitrailleuse !

À vrai dire, cette macabre nécessité ne trouve sa raison d'être que pour les victorieux ; les morts de la nation vaincue deviennent inutiles dès l'instant que celle-ci capitule. Sans avenir, elles n'ont pas de statues ni de commémorations.

Tout mort de guerre est d'ailleurs sans avenir… À 20 ans, on n'a pas eu le temps de passer à la postérité. Parfois, quelqu'un s'en souvient, pendant une ou deux générations… Puis cela s'efface.

Alors, on commémore… mais en gros. Et au bout de quelques décennies, on ne sait plus très bien ce qu'on commémore. On continue quand même par pudeur.

Mais le jour — qui viendra — où l'on ne commémorera plus du tout, ce jour-là, le sens aura disparu… Et ce sera peut-être la preuve que ce n'était finalement qu'une illusion… ou un immense malentendu.

Lettre d'Anna P… à son mari Henri P… (père), 4 mai 1916. Un mois s'est écoulé depuis le décès de Maurice.

« Mon pauvre,

comme je te remercie de ne pas manquer un jour de m'écrire, de me parler de notre petit, mais hélas, comme toi j'ai chaque jour un peu plus de chagrin que la veille, chaque jour je sais davantage ce que nous avons perdu et se dire que c'est irrémédiable que c'est fini quelle torture. Je n'aurais jamais cru qu'on puisse souffrir pareillement. Et quand je reçois tes lettres c'est une douceur, mais un peu plus de désespoir parce qu'au mien s'ajoute plus vivant le tien. Ne te semble-t-il pas que nous serions mieux tous deux bien cachés dans une retraite pour parler constamment et pleurer toujours notre petit trésor, notre cher petit Maurice, mais comme je te l'ai dit hier nous ne devons même pas songer à nous accorder cette satisfaction. Tu m'as dit au premier jour de notre malheur que tu ne pouvais pas revenir près de moi en ce moment et moi-même ne me dois-je pas à la pauvre Marcelle, la guerre la prive de son mari, l'a mise hors de chez elle, ne dois-je pas la recueillir, l'aider, et puis il y a Henri si loin, si seul, si malheureux ; il faut, vois-tu que nous relevions son moral que nous l'aidions aussi à voir plus clair. Certes, je vais lui envoyer la lettre admirable que tu lui écris, je ne doute pas qu'il te comprenne, tu as pu le voir, l'annonce de la terrible catastrophe l'a profondément remué et lui a fait exprimer de bons et nobles sentiments j'espère qu'il ne voudra plus nous faire la moindre peine à toi surtout qui le mérites si peu. Quand tu penses combien toujours tu t'es occupé d'eux, à peine rentré de ton service au tableau noir avec eux, les promenades à cheval, à bicyclette toujours le plus noble exemple, comment cet enfant ne s'est-il pas façonné à ton image. Je t'ai dit hier ce que je pensais au sujet de la possibilité de le faire revenir, tu es meilleur juge que moi, mais je te répète une fois encore que si tu juges une démarche humiliante pour toi ou pour lui, il ne faut pas la faire et d'ailleurs, il me semblerait nécessaire aussi de lui demander ce qu'il désire. Il y a un mois, j'étais dans la petite chambre près du cher petit, si heureuse de me trouver là, me suis-je laissé griser par ce bonheur inattendu de me trouver tout à coup près de lui, même blessé, n'ai-je pas attaché assez d'importance à ce manque de sommeil, à ce pauvre petit nez si maigre, à cette plaie qui n' avait pas assez coulé ce jour là. Mon Dieu que vous ai-je fait pour m'avoir endormie dans la quiétude pour m'arracher ensuite si brutalement ce que vous nous aviez donné pour notre joie. Pauvre petit tu as emporté le bonheur de tes parents, le sourire de la maison, mais que tu nous laisses malheureux. Je voudrais pouvoir réagir pour faire une vie moins pénible à Marcelle, mais je ne peux pas, mes larmes coulent malgré moi ; son mari va venir ; j'en suis satisfaite pour elle... Cette pauvre enfant a beaucoup de chagrin, elle avait une grande tendresse pour notre Maurice et les lettres d'Henri l'ont bouleversée. Elle lui avait écrit à notre retour de R… tout le monde lui a écrit, il verra de quel respect on entoure la mémoire de son glorieux frère, il ne pourra admettre rien qui soit digne de lui. Je voulais te demander quand tu auras le temps quelques minutes chaque jour de noter ce qui s'est passé, ce que tu as su, ce qu'a dit le cher petit au moment où il a été blessé et les dernières fois que tu l'as vu, dire que nous en sommes là, je l'écris et je me refuse à le croire. Que nous sommes malheureux d'avoir perdu ce que nous avons perdu et quel courage ne nous faut-il pas pour supporter ce qui nous reste de vie.

Je souhaite que tu sois occupé, mais n'est-ce pas promets-moi de te rappeler la devise que j'avais donnée aux enfants : vaillant et prudent ; pauvre petit tu n'avais retenu que le premier mot. Mais n'est-ce pas, tu te rends compte, j'ai trop besoin de toi, de me confier à toi, de m'appuyer sur toi, tu te dois à Henri, tu le vois. Je t'embrasse comme je t'aime depuis si longtemps, infiniment si tendrement, mais hélas avec un cœur triste maintenant. »

Il est des soirs sans larmes où l'on aimerait pleurer en remontant le siècle, même si c'est vain, afin de sortir de cette langueur pour aller répandre un peu d'affection sur ceux qui vivaient là-bas.

À quoi ont-ils servi, ces petits bonheurs, ces petites douleurs, ces petites espérances qu'on construisait chaque jour pour les installer dans une existence si désuète qu'elle a volé en éclat au moindre frémissement du siècle.

La vie n'est pas un poème, ni une danse, ni un conte. Une aventure qui peut devenir tragédie si l'on n'y prend garde.

La mémoire des hommes aurait-elle effacé celle des femmes ? Aurait-elle été perdue ou oubliée dans toutes ces lettres disparues ; fondue et coulée dans quelques bronzes de statues guerrières.

Les larmes des mères, sœurs, épouses et amantes, ou simplement femmes, se sont-elles mêlées à la boue des tranchées, aux gaz meurtriers. Leurs parfums étaient-ils dans ces lettres ? Pouvait-on encore les respirer à l'autre bout du voyage.

Dans le calme nocturne, on peut les entendre en se mettant à l'écoute de leurs complaintes et de leurs gémissements. Car c'est surtout la nuit que les choses deviennent plus précises, le silence permettant cette sensibilité exacerbée qui nous donne la lucidité et la compréhension intuitive des choses, ou au contraire l'extase mystique. Mais le mystique s'évade. En se rapprochant de son dieu, il s'éloigne de l'humanité et de ses déchirements. C'est son propre salut qu'il poursuit et non celui des hommes. Il est encore et toujours au cœur de ses lamentations sur l'humanité, par l'intermédiaire de ses fantasmes célestes.

À quoi auront donc servi ces millénaires d'incantation et d'adoration s'ils n'ont pu empêcher les humains de s'entredéchirer et leur donner le goût de la fraternité. Quand ils auront enfin renié leurs dieux et leur patrie, ils pourront se reconnaître. Ils ne seront pas pour autant libérés d'autres servitudes, mais ils pourront alors s'unir pour les combattre plus efficacement et inscrire à leur programme le mot « solidarité », oubli fatal de la devise révolutionnaire.

1er juillet 1916, six heures vingt-cinq, commence le déchaînement de l'artillerie britannique qui pilonne les adverses. Sept heures trente du matin, les fantassins sortent des tranchées aux coups de sifflet et montent à l'assaut. Début de la bataille de la Somme.

« Les officiers reçoivent l'ordre de mener leur troupe vers l'avant à tout prix, quel que soit le prix à payer. Preuve que cet ordre a été respecté, le 1er juillet, soixante pour cent des hommes sont morts au combat, toutes divisions confondues… À la nuit tombée, les combats ont fait soixante mille victimes dans les rangs britanniques »[22], dont plus de dix-neuf mille morts.

Le 14 juillet 1916, trois divisions de cavalerie britanniques, sabre au clair, bannière au vent, sonnant la charge, montent à l'assaut des mitraillettes allemandes. *« Seul résultat de cet assaut, un carnage pathétique »*[23] mettant un terme aux spectaculaires et héroïques cavalcades d'antan.

Cinq mois plus tard, le 18 novembre, fin de la bataille de la Somme, seule une dizaine de kilomètres aura été gagnée sur les lignes allemandes, avec 60 000 morts par kilomètre gagné avec 1,2 million de morts, blessés et disparus, la bataille de la Somme aura été

---

[22] Commentaire d'un film britannique sur la bataille de la Somme

[23] Commentaire d'un film britannique sur la bataille de la Somme

l'affrontement le plus sanglant de cette guerre.

« Du point de vue militaire, elle allait rester un désastre humain. »[24]

J'ai vécu cette bataille, la plus meurtrière de cette guerre, à travers des films britanniques que l'on peut visionner sur internet[25]. Ce que j'ai vu n'était pas exotique, je n'ai pas ressenti parmi ces hommes qui tombent, ces déflagrations meurtrières, ces corps écorchés par les barbelés et restés là accrochés, dans ces yeux encore ouverts qui regardent un ciel qui ne les reconnaît pas, non je n'ai pas senti de « grandeur spirituelle »[26]. Il n'y a pas d'extase dans la Somme ce 1er juillet 1916.

Elle n'avait pas le grandiloquent des majestueuses fresques guerrières de ces peintres des siècles précédents. Ce n'était plus une épopée romantique, c'était un mitraillage de cibles mouvantes.

J'en retiendrai surtout le poème poignant de Siegfried Sassoon, « Aftermath », dont les derniers vers concluent l'un de ces films et que j'ai essayé de retranscrire avec le tragique qu'ils contiennent en une langue qui pour n'être pas celle de l'auteur, est du même langage désolé ?

---

24 Commentaire d'un film britannique sur la bataille de la Somme

25 https://www.youtube.com/watch?v=V5h5tY3yXT0

26 En référence à « La nostalgie du front » Pierre Teilhard de Chardin

« Te souviens-tu des mois sombres où tu tenais le secteur de Mametz,

De ces nuits de garde, à planter des barbelés, à creuser, à empiler des sacs de sable sur les parapets ?

Te souviens-tu des rats, de la puanteur

Des cadavres en décomposition devant la tranchée de la ligne de front,

Et de l'aube arrivant blafarde, froide, avec une pluie sans espoir ?

T'arrive-t-il parfois de te demander, tout cela pourrait-il se produire à nouveau ?

Te souviens-tu de ce vacarme qui précédait l'assaut

De la colère, de la compassion aveugle qui te saisissait et te secouait alors

En voyant les visages de condamnés de tes hommes hagards

Te souviens-tu des brancards ramenés en titubant

Des yeux morts, et des têtes pantelantes aux masques couleur de cendre

De ces gars naguère pleins de vie, bons et joyeux ?

As-tu déjà oublié ?

Lève les yeux, et jure par le vert du printemps que tu n'oublieras jamais. »

Où sont passées les autres nombreuses lettres, et surtout celles de 1917 ? Mes aïeux les ont-ils fait disparaître, étaient-elles donc si peu conformes à ce qu'il est convenu de ressentir et de le dire. À moins que leurs descendants n'y aient pas trouvé suffisamment de vertu.

Qui était vertueux qui ne l'était pas ?

Où est ma vertu, dans quel paragraphe du livre de l'éthique ?

L'éthique, cette morale contemporaine, de fluctuante devenue manichéenne en lieu et place des vieilles religions, à force de lois, de textes, de normalisation d'une pensée unifiée. A-t-elle le droit de juger l'histoire ? Et quand elle le fait, d'où tire-t-elle sa légitimité ?

Un matin de 2017, alors que je m'apprêtais à me lever, j'entendis un petit cri, qui provenait par intermittence du faux plafond, juste en haut du placard près de mon bureau, derrière le siège d'où j'écris ces lignes. Je grimpai sur un escabeau, muni d'une lampe torche, pour explorer cet endroit obscur.

J'avais, quelques semaines auparavant, placé un piège à souris. Un de ces pièges constitués d'une plaque en carton recouverte d'une glu suffisamment forte pour qu'un petit animal ou un insecte, qui vient à s'y coller, ne puisse s'en dépêtrer, et que tout effort de sa part pour s'en libérer ne fait qu'accentuer son entrave et son agonie. J'avais placé en son centre quelques brisures de noix comme appât.

Pensant que ces cris provenaient de quelque progéniture affamée devenue orpheline je sondais les combles quand un nouveau gémissement retentit à quelques dizaines de centimètres de mon visage. J'aperçus alors dans le faisceau de ma lampe les cadavres de trois souris collées sur mon piège ; l'une d'elles, qui s'était probablement débattue toute la nuit, avait le corps déchiqueté, le ventre ouvert, la tête encore vivante gémissait de douleur. Ses yeux luisants me regardaient.

On dira…

Que ce n'était qu'un animal, nuisible de surcroit, que le règne animal est sauvage et cruel, que la prédation est son lot. A-t-il seulement une conscience ?

Finalement, ce n'était qu'un être classé animalia, vertebra, muridae, Mus musculus.

Mais…

Je n'oublierai jamais ce petit être vivant dont la tête ensanglantée gémissait, ses yeux fixés sur les miens, et dont j'ai dû abréger les souffrances avec un de ces gros maillets qu'on utilise pour planter les piquets en bois, après l'avoir délicatement recouvert d'un morceau de carton, afin de ne pas voir le résultat du violent coup que j'ai asséné sur cette chair meurtrie, et… pour ne pas salir mon maillet.

Et pourtant…

J'ai continué…

Et je continue toujours à utiliser cet horrible piège pour me débarrasser de ces petits rongeurs qui s'incrustent dans mon domaine et viennent perturber ma quiétude.

Pas plus que les abatteurs et les équarrisseurs je n'ai de commisération pour ce qui n'est pas de ma lignée ou de ma fratrie.

Magnanime, je ne le suis que pour ceux qui me confèrent quelques vertus. Et encore… à condition que cela se sache.

L'image que j'affiche de moi-même est bien plus gratifiante que cet être que je ressens au fond de ma conscience. On a toujours de soi une idée trop dérisoire, et l'orgueil allié au paraître est le plus sûr moyen de se persuader du contraire.

Mais…

Le regard d'un autre, même s'il provient d'yeux inconnus ou d'une conscience imperceptible, cette ligne qui joint des pupilles étrangères, est une terrible mise en question de soi. Un questionnement plus qu'une interrogation.

Lettre d'Henry P… (père) à sa femme Anna, 13 mars 1918.

« (...) Je t'ai envoyé un mot hier en arrivant ici où nous sommes installés pour je ne sais combien de temps. Probablement pas très longtemps. Nous sommes dans de vastes immeubles où il ne fait pas chaud malgré le soleil qui luit au-dehors. Et comme nous sommes dans les régions de l'intérieur, impossible d'acheter du bois ni du charbon. Je suppose que l'intendance va nous en fournir, mais elle ne se presse pas. Aussi mon écriture se ressent-elle du froid aux doigts. Je t'ai dit hier que j'étais, en venant ici, passé par ce funeste Revigny. J'ai acheté en passant à Bar une petite plante que j'ai portée sur ce coin de terre ou nous avons laissé notre pauvre petit. J'ai suivi, tu comprends avec quelle tristesse et quels remords, tous les endroits où se sont passées les dernières heures de sa vie ; rien n'y est bien changé et j'ai passé près de cette petite chambre où tu étais entrée avec confiance et dont tu es sortie avec une éternelle douleur. Le médecin-chef n'est plus le même ; je suis allé le voir en me disant que maintenant l'installation de l'hôpital et la rapidité des évacuations avaient fait des progrès. Hélas pour nous, c'est trop tard. Le pauvre cimetière s'est agrandi ; combien de soldats dorment ici ensemble ! Et nous ne les vengerions pas ? J'ai fait mettre une petite balustrade en bois autour de cette petite tombe ; les deux voisines à gauche et à droite étaient entourées de

même ; alors cela avait l'air de retrouver la place qui lui était réservée. J'ai donné à l'aumônier pour dire une messe anniversaire et aussi à un soldat chargé de l'entretien pour prendre soin quelque temps de ma plante ; du reste tout est bien tracé. Mais qu'est-ce que ces soins et de quoi, hélas, suis-je obligé de prendre soin ! Que si dans l'au-delà où il est passé, quelque chose de nos préoccupations, de nos pensées ou de nos prières lui arrive, qu'il voit notre Douleur, qu'il perçoive nos regrets et qu'il laisse venir sur nous son souvenir et sa pitié. Je t'embrasse bien affectueusement. »

Nos ancêtres, ces héros, avaient-ils l'enthousiasme de ces cavaliers panachés comme des princes fendant les plaines sur des étalons au sang pur, sabrant comme des janissaires, mercenaires enrôlés pour quelques deniers, terrassant des misérables sans gloire ni honneur ?

Le héros, un autre paradoxe de la guerre.

Soit le héros sait qu'il en est un et en tire vanité ; alors il ne l'est plus. Soit il l'ignore ; alors il n'en est pas un, car il agit probablement pour un motif qui n'est pas noble.

Le héros n'est pas, il n'est plus. Il a disparu de l'existence. Il est héros pour les survivants. Et encore lorsqu'on parle de lui, lorsqu'on regarde ses photos, ses monuments, mais dès qu'on détourne le regard et qu'on cesse de le commémorer, il n'est plus rien. Le reste du temps, il n'existe pas, et quand il réapparaît, ce n'est plus lui, c'est une image.

La guerre annihile tout, même le héros. Elle est l'anéantissement suprême.

De l'artiste, il reste un œuvre, quelque chose que l'on peut toucher, regarder, entendre. Du héros, il ne reste qu'une idée vague, une attitude fondue dans l'imaginaire. On en conserve parfois le nom, mais un nom ne fait pas une existence.

Et le vaillant soldat de l'ennemi vaincu, comment l'appelle-t-on ? Quel substantif vient glorifier ses actes ? Y a-t-il une mémoire pour lui ?

À quoi pensait-il, le poilu, quand il montait à l'assaut ? À sa patrie ou sa peau, ou à la peau de l'autre ? Pensait-il à la gloire, à cette imprudente folie qui ferait de lui un héros ? Mort ou vif, son héroïsme ne sera qu'anonyme, il ira compléter la liste de plus de dix-huit millions d'âmes. La promesse de la gloire est une immense imposture.

Lettre d'Henry P… à sa femme Anna, 24 mars 1918

« Il y a, je crois, deux ans, c'était le 24 ou le 25 mars, que j'étais allé voir le pauvre Maurice au fort de T…c'est la dernière fois que je l'ai vu debout ; quand je suis arrivé, c'était du reste très matin, peut-être cinq heures, il était étendu sur son lit dans la casemate où se trouvaient les lits des officiers. Comment m'avait-il vu entrer, parce qu'il faisait à peine jour et qu'il devait dormir ; mais il s'était tout de même levé, il était venu à moi et m'avait accompagné pendant les quelques instants que j'étais resté dans le fort où j'étais venu chercher un guide pour aller voir certaines positions. Il m'avait conduit jusqu'à la sortie, me recommandant bien de ne pas passer ou du moins de passer vite, justement, dans ce coin où il devait lui-même être atteint quelques jours plus tard et qui était assez mauvais. Et en le quittant, je lui disais moi-même de ne pas circuler dans les cours du fort quand cela n'était pas nécessaire, parce qu'il y tombait souvent des coups. Je le vois encore debout, me faisant un geste d'adieu à la porte du fort, et je pensais en continuant mon chemin : tout de même, en prenant quelques précautions, il est plus en sécurité ici que sur une position de batterie, et il est au moins à peu près installé. Dieu sait cependant si je ne l'avais pas vu ainsi, si je ne me serais pas préoccupé davantage quand j'ai su que sa batterie devait aller à ce bois de la Caillette. Et lui-même, comment ne m'a-t-il pas fait dire

qu'il avait quitté le camp de Verdun et le fort. Le pauvre enfant faisait son devoir sans penser à autre chose, et tout s'est ajouté, tout s'est réuni pour le mener inévitablement et inexorablement à sa perte.

Voilà le souvenir de ces journées, et déjà deux années!

Je n'ai pas de lettre de toi ce matin. Peut-être y a-t-il du retard dans les courriers parce qu'il y a pas mal de déplacements de troupes. Les Anglais paraissent avoir été assez sérieusement bousculés, surtout du côté de Saint-Quentin ; ils ont dû faire des pertes assez sérieuses, tout en infligeant aux Boches de non moins importantes, mais enfin ils ont perdu du terrain plus qu'on ne l'aurait pensé et le Boche triomphe de cette poussée. Dire qu'à toutes nos attaques, nous avons été desservis par un temps épouvantable (sauf le 9 mars cependant) et qu'aujourd'hui ces malfaisants barbares ont un soleil splendide qui certainement favorise leurs mouvements. Voilà Paris qui a été de nouveau visité par les avions, et en plein jour. Je n'ai pas encore lu les journaux pour savoir les dégâts constatés. Je n'ai pas de nouvelle lettre d'Henri, mais je crois bien que son corps d'armée a quitté la région, sans doute à la suite des événements ; il est donc probable qu'il n'ira pas à ce cours dont il parlait et qu'il a dû suivre son corps d'armée - où ? Je viens d'écrire un mot à Étienne M... Que de deuils autour de nous, qui en portons un pareil dans le cœur.

Je t'embrasse bien affectueusement pour tous - à toi. »

Et moi, pourquoi suis-je devant cette misère ? Pourquoi je fouille ? Qu'ai-je à faire ici dans cette tourmente vieille d'un siècle ?

C'est peut-être de la nostalgie. On a toujours la nostalgie de quelque chose qui n'a jamais existé. Des souvenirs mal conservés qui nous envoient des évocations biaisées que le temps a déformées. Alors, avoir la nostalgie de ce qu'on n'a jamais connu, c'est possible.

Sinon, par quelle soudaine malsaine curiosité serais-je venu déranger les morts, remuer ces poussières qui réclamaient le sommeil de l'oubli ou le silence de l'éternité ?

L'éternité ? Je n'en ai pas besoin pour construire mon univers, car celui-ci est suffisamment compliqué pour ne pas le charger d'une absurde simplicité. L'envisager ne m'apporte rien de plus, ne me confer aucune plus value, et les limites de mes représentations m'interdisent de m'évader au-delà de mes capacités mentales.

Je ne ferais pas la propagande de mon incrédulité — que j'appelle lucidité — car je sais que pour un grand nombre, croire est la seule consolation d'être au monde. Et puis, n'est-ce pas d'ailleurs une lourde responsabilité que de nier l'éternité ? Ai-je le droit d'effacer à tout jamais ces âmes héroïques ? Car, c'est un peu les damner que de les enfermer dans un éternel oubli.

Mais j'ai pour moi le bon droit de penser que la foi en l'éternité se devrait d'être un antidote aux horreurs de la terre et à toutes les misères qui en découlent. Et que si cela n'est pas, c'est que l'idée de celle-ci reste enfermée dans les régions brumeuses de la conscience et n'interfère nullement avec les motivations des hommes et ni avec les choix qui en découlent.

Lettre d'Henry P… (père) à sa femme Anna, 20 mars 1918.

« Votre arrivée à St M..., ma chère Anna, est certes bien différente de ce qu'elle était autrefois ; tout se réunissait pour la rendre encore plus pénible, sinon plus triste. La précipitation de votre départ, la longueur du voyage, l'absence de toute aide et de ton personnel domestique, l'état d'une maison quittée depuis plusieurs mois et qui a été aggravé par les intempéries de l'hiver, la difficulté de se procurer même les choses essentielles. Encore tout cela n'est-il qu'un ennui, une fatigue, une préoccupation passagère. Cela vient s'ajouter au reste, et quel reste ! Je pense que maintenant vous êtes sortis de la bousculade de l'installation et que vous avez pu vous procurer les éléments de l'existence de chaque jour. Si tu as laissé encore quelques provisions à Paris, les regrettes-tu, surtout en te demandant ce qu'elles vont devenir jusqu'à un retour qui n'est pas prochain. Le temps vous est-il au moins favorable, car je crois que les provisions de chauffage sont assez restreintes ; je me demande même si vous avez du bois pour vous chauffer et dire que j'en ai vendu pour une somme ridicule, si l'on songe au prix actuel ! Je te dirais bien de faire couper le bois de chêne qui reste à St V., mais il ne serait guère sec. Peut-être ferait-on bien d'y penser cet été en vue de l'hiver prochain. La saison commence tout de même à s'avancer ; mais la maison a tellement besoin de soleil.

Voici la pluie qui s'installe par ici ; il est à craindre après la période de beau temps de février et mars, période qui a été presque exceptionnelle, que nous n'ayons maintenant la même période pluvieuse. Alors il va falloir réapprendre à patauger. Cependant nous sommes toujours en ville et rien n'indique, à part quelques études, un peu vagues, que nous soyons engagés prochainement. Après avoir fait beaucoup de bruit sur leurs projets offensifs, les Boches n'apparaissent pas ; en ont-ils réellement envie ou attendent-ils une occasion favorable, laquelle ? En tout cas voilà près de deux mois qu'on attend quelque chose qui ne se produit pas. J'ai reçu une lettre d'Henri, assez courte d'ailleurs, et ne me donnant que peu de détails. Il devait déménager pour la région d'Arcis-sur-Aube ; l'a-t-il fait ? Voilà quelque temps déjà que leur changement est imminent : c'est encore assez loin d'ici ; je ne sais pas comment je pourrais le rencontrer à moins qu'on ne lui donne encore vingt-quatre heures pour venir jusqu'à Ep. En ce moment les vols sont suspendus ; mais il ne me donne pas d'indications sur ce qu'il fait lorsqu'on ne peut pas prendre l'air. Les enfants se sont-ils retrouvés à St M... et peuvent-ils reprendre les promenades ? C'est si ennuyeux de n'avoir pas de jardin. (...) »

La guerre, la guerre, la guerre…

Au fil des pages, je suis lassé de ce substantif qui revient sans cesse et perturbe mon style et mon inspiration. Pourrais-je m'en passer, nommer autrement cette chose ou ne pas la nommer ?

Je ne peux l'éviter, elle est la substance même de ces lettres. Elle est là toujours. Toujours recommencée, elle ne finira jamais. Elle s'échappe de là vers ici, saute d'un continent à l'autre. À peine est-elle terminée qu'elle revient quelque part.

Non contente d'être carnassière, elle est aussi omnivore. Elle prend tout. Elle est l'unique considération. Peines, joies, espoirs, désirs… Elle est la finalité. Les héros, les traitres, les pleutres sont en elle, à elle. Cet homme n'est plus, c'est un héros. Son héros. Ce misérable n'est plus, c'est un fusillé. Fusillé pour elle, pour qu'elle puisse se prolonger, ne pas s'arrêter. Pour montrer qu'elle est nécessaire, qu'il faut la faire, sous peine d'opprobre.

Et pourtant…

Il faut bien admettre qu'elle doit donner à l'homme quelques jouissances puisqu'il a construit sur elle, son histoire, comme si elle était nécessaire à l'épanouissement des générations. Il y puise également ses épopées, ses chants et parfois son art.

Car il ne faut pas l'oublier : elle est un art !

Le lieutenant colonel Ferdinand Foch n'avait-il pas l'âme d'un peintre ou d'un poète lorsqu'en introduction de sa série de conférences, *« Des principes de la guerre »*, à l'École supérieure de guerre, il qualifiait son exposé de *« Feux de pâtre, allumés sur la côte orageuse, pour guider le navigateur incertain »*[27]. Principes dans lesquels il cite à plusieurs reprise une définition qu'Antoine Henri de Jomini, célèbre historien et stratège militaire suisse, donne de la guerre : *« Un drame effrayant et passionné »*. Pour le futur généralissime, *« L'art de la guerre, comme tous les autres arts, a sa théorie, ses principes, ou bien il ne serait pas un art »*.

Les stratèges de 14-18 furent effectivement de fabuleux artistes en campagne. On conviendra néanmoins qu'en tout état de cause leurs artilleurs ne se sont pas inspirés des paysagistes du XIXe, qu'ils soient de ce côté-ci, d'outre-Rhin ou par delà la Manche. Majeur ou mineur, leur art, dont les œuvres se retrouvent plus dans les grimaces tracées par Jérôme Bosch que dans le sourire de la Joconde, a l'esthétique quelque peu décapante.

Avant d'être chansons ou gestes, cet art offre deux grandes jouissances qui n'ont d'équivalentes que celles éprouvées dans le travail bien conçu, bien fait et la contemplation savoureuse du résultat.

Il y a, tout d'abord, l'excitation des stratèges : les jouissances de Napoléon, puis celles de Wellington et

---

[27] « Des principes de la guerre, Conférences faites à l'École supérieure de guerre par le lieutenant-colonel d'artillerie F. Foch », consultable sur BnF Gallica

Blücher, ont donné des noms de gares, des lieux de passage où les gens courent à leurs aventures, les héros contemporains. Mais aussi l'indéfinissable plaisir de voir au bout de son viseur, de la pointe de son sabre ou de sa flèche, le fléchissement et l'affaissement du corps de celui d'en face. Les contorsions et la moue gémissante, là-bas, de ce qui s'effondre dans un silence assourdissant.

Le dépeçage de corps humains est plus excitant que la chasse à courre, mièvre divertissement au son d'un cor monotone qui n'attire que les nostalgiques et les amateurs de folklore suranné.

Depuis les temps immémoriaux, la musique accompagne les marches belliqueuses et les appels à la charge. Au son des trompettes, des fifres, des clairons et des tambours, il faut être un héros ou rien.

Cette chorégraphie des corps ensanglantés, errant dans la boue il faut la voir danser sous les pinceaux des artistes qui se sont aventurés à l'avant-garde des combats.

Les batailles, enfin, quand on les a gagnées, offrent le spectacle de liesses populaires avec drapeaux, parades militaires et des chants de victoire. On élève des statues à la gloire des charniers.

Lettre d'Henry P… (père) à Anna, 29 mars 1918

« Je ne t'ai pas écrit hier, et Riri pourra dire encore une fois que le grand-père n'a pas envoyé de lettre. Il y a des jours où l'on est vraiment un peu veule et sans courage ; toujours se réveiller avec la même pensée et sentir qu'on est impuissant, qu'on est obligé de courber la tête sous la fatalité, et l'on craint, si l'on se surmonte, si l'on détourne le cours de ses pensées intimes vers les objets présents, d'avoir l'air de refouler le souvenir et d'accepter le sacrifice. Mauvaise pensée, du reste car je suis bien sûr que le souvenir du pauvre enfant doit être pour remonter notre courage et non pour nous laisser dans l'abattement : s'il pouvait encore nous parler, et qui sait s'il n'a pas encore une influence occulte sur notre âme, ne chercherait-il pas lui-même à endormir notre peine, et par des mots consolateurs, à nous donner la force de supporter. Aussi bien, quand je passe par un moment où l'on se sent un peu trop perdu, n'ai-je pas pour m'aider de me trouver auprès de toi et de voir qu'à deux, le souvenir est moins amer, la tristesse plus douce, et la foi dans l'avenir plus solide. Mais que veux-tu, les impressions commandent souvent, à la raison et au cœur. Alors quand je suis ainsi, je n'ai plus qu'une ressource, c'est de filer quelque part, m'occuper, en me déplaçant. J'y suis du reste obligé en ce moment, où tout en étant à l'arrière, il faut aller faire quelques tournées sur le terrain que nous pourrions éventuellement occuper. Justement, depuis deux jours,

on menait sur le front un train d'enfer, et le bombardement parvenait (je parle du bruit) jusqu'à nous jour et nuit. Je ne crois pas du reste qu'il y ait de suite sérieuse à cette canonnade. Elle a cessé cette nuit ; nous sommes d'ailleurs dans le brouillard à peu près chaque matin bien que le temps ait une tendance à se découvrir l'après-midi ; il y a bien eu un peu de pluie, mais sans excès. Je n'ai pas vu depuis le commencement de la guerre un printemps relativement aussi sec. Cela va t'il continuer ? Si nous avions eu ce temps l'année dernière, le succès aurait peut-être été plus facile et plus étendu. Je dis peut-être parce que cela n'a pas tenu uniquement au temps, mais plutôt à des efforts trop dispersés et à une certaine dispersion morale que les Boches avaient eu l'habileté de répandre parmi nous. Je crois que cette année, on est plus solide de ce côté, quoique la situation doive certainement nous inspirer quelques réflexions. Je crois cependant qu'on sent la nécessité d'aller jusqu'au bout. Nous avons eu un tel exemple en Russie !

Alors je vois que tu as des difficultés aussi grandes à St M... qu'à Paris pour te ravitailler ; se chauffer et se nourrir deviennent deux problèmes ; j'espère que tu arriveras à une solution au moins complète, sinon suffisante. Au moins avez-vous beau temps ! Je n'ai pas reçu la lettre d'Henri depuis celle qu'il m'a envoyée en rentrant de Paris. Je suppose qu'il a déménagé. Marcelle attend-elle son mari prochainement ? Est-il toujours à Soissons ? Je croyais qu'il avait fini son tunnel. Il y a plus de dix-huit mois que je ne l'ai pas rencontré et je me demande quand l'occasion viendra. Il n'y a pas de réponse pour ta demande de médaille. Est-ce que les protégés de Chirouze au sujet desquels il m'avait écrit cet hiver ont obtenu satisfaction à leurs désirs ? Je t'embrasse affectueusement pour tous. À toi.

Merci pour ta visite au cimetière. »

Il restera toujours un doute quant à savoir si la victime n'a pas une part non négligeable de responsabilité dans ce qui lui arrive ; et si, les circonstances aidant, elle n'aurait pas quelque occasion de se transformer, à son tour, en bourreau.

L'esclave est volontiers un peu complice de son maître, et les tyrans trouvent aisément, parmi leurs sujets et leurs adeptes, des mains prêtes à être enchaînées.

L'apprenti est bien souvent victime de son mentor, le journalier de son employeur, l'adepte de son gourou, le citoyen de son prince et le soldat de son général.

Les despotes sanguinaires n'ont jamais en face d'eux une résistance acharnée, et plus leurs sujets se prosternent devant leurs méfaits et plus ils cognent sur ces foules qui les ont élus.

Le joug est parfois désirable qui permet de se réfugier dans l'insouciance et le détachement des responsabilités. On peut ainsi aisément se détourner de la chose publique et se concentrer sur la consommation de ses petits plaisirs, blotti dans son coin.

Les temps modernes ont même fait, d'un judicieux dosage entre l'appétence et la soumission, le fondement même de l'industrie et du commerce.

Lettre d'Henry P… (père) à sa femme Anna, 12 avril 1918.

« Je reçois en ce moment tes lettres si tristes écrites à des dates qui rappellent de façon encore plus précise le malheur qui nous a frappés. Que faire : le pauvre enfant a fait partie de ces phalanges immortelles qui dans cette guerre inouïe auront arrêté le flot de l'invasion, défendu leur pays et la liberté, assuré l'avenir de notre race. Ce qui fait le plus de peine, c'est moins le sacrifice qui nous a été imposé, hélas, comme à tant d'autres parents, que les raffinements de mauvaise chance qui ont contribué à perdre notre pauvre petit. Puisque la mort l'avait épargné sur le champ de bataille, ou du moins lui avait laissé l'espoir du salut, comment les heures qui ont suivi le coup lui ont-elles été aussi fatales. Voilà ce qui augmente les regrets, au point de nous masquer la gloire qui a entouré sa fin. Et maintenant deux ans déjà. Est-ce long, est-ce court, tantôt il semble que cette date est d'hier, que c'est hier que je le voyais pour la dernière fois avec sa confiance habituelle et son noble sentiment du devoir. Tantôt il y a déjà bien longtemps que nous ne l'avons plus, en nous demandant s'il y aura jamais un moment, dans l'infini des temps, où nous reprendrons contact avec lui sous quelque forme mystérieuse et qui dépasse notre esprit, sinon notre espoir. Dieu le veuille ainsi !

Je pense que tu auras reçu, ou plutôt que Marcelle

aura reçu la lettre où je lui parlais de la bonne visite de son mari. J'espère qu'il aura pu voir Henri ; je lui avais donné son cantonnement actuel et il n'en était pas loin ; pour moi et je n'ai pas pu m'absenter, si près que je sois ; peut-être les événements le permettront-ils un jour, puisque cela est déjà arrivé une fois. Il fait en ce moment très beau temps et même chaud ; on entre tout à fait dans le printemps ; vous devez en profiter avec les enfants à Saint M... qui échappe heureusement aux agitations qui nous tiennent par ici, mais naturellement pas aux angoisses pour ceux qui comprennent et qui suivent le cours des choses et des événements. Je t'embrasse bien affectueusement pour tous. À toi. »

Quand je regarde la mer, je n'y vois pas mon destin, seule une étendue finie qui tourne en rond à l'infini.

Le destin, c'est ce que je découvre chaque matin dans mes humeurs chagrines, mon corps alangui et mon incomplétude ; c'est ce regard en arrière sur tout ce que j'aurais dû faire et ce que je n'aurais pas dû faire. Je ne regrette rien. Je ne suis que ce que j'ai été et ce que je serai, rien de plus. Et cela me suffit, peut-être même cela me comble.

Je suis parti au front un 24 décembre sans bien comprendre où j'allais ni qui m'y envoyait et pour quelle aventure.

J'ai trimbalé mon corps dans les affres d'un bonheur trop étroit, d'une destinée que je n'ai pas toujours su maitriser et qui m'a transporté en deçà de mes désirs, mais au-delà des frontières qui m'avaient été assignées.

Je ne regrette rien, j'ai fait mien cet étroit et sinueux sentier, coincé entre mes aspirations et mes médiocres capacités.

Mais…

J'en jouis, de cette vie, comme l'objectif suprême.

Bien ou mal, inélégamment ou avec délicatesse, peu importe, je la bois comme un nectar.

Partisan de l'immanence, je ne me suis jamais posé la question de son utilité, encore moins d'une improbable finalité. La mienne étant dans l'instant et de celui qui vient après.

Partant du principe qu'une petite vie n'a pas moins d'importance que les grandes, je me pose la question de savoir si les existences qui pèsent lourd font évoluer l'humanité en mieux ou en pire ; si les innombrables sacrifiés n'ont pas offert la leur en vain, pour des causes qui n'avaient pas la grandeur à laquelle elles prétendaient.

Dans un film sur la bataille de la Somme il est dit que les jeunes Britanniques partaient à la guerre « *animés par les valeurs de liberté et de justice* »[28].

Liberté, chérie par ceux qui la refusent à d'autres, un bien grand mot diffusé à petites doses.

Quand je parle de liberté, je parle forcément de la mienne, pas de la sienne. Qu'on ne s'en formalise pas trop, il fait de même. Il n'est pas moins ni plus égoïste que je ne le suis. Jaloux de son sang et de sa lignée, carnassier à ses heures, il est prêt à se ruer contre un ennemi de circonstance qu'il ne connaît pas, au nom d'un prince qu'il n'a jamais vu ni choisi et qu'il vénère comme un dieu.

Quant à la justice, je n'ai jamais très bien compris s'il fallait la craindre ou l'aimer, ni si elle avait pour ultime objectif mon émancipation ou de circonscrire ma liberté.

---

[28] Commentaire d'un film britannique sur la bataille de la Somme »

Lettre d'Henri P… (père) à sa femme, 1er mai 1918.

« Voilà un premier mai mouillé. Le soleil essaye en vain de percer les couches de nuages qui nous enveloppent depuis plusieurs jours dans un brouillard dense et opaque. Voilà qui a incité les Boches à faire hier une petite incursion, qui a été vigoureusement repoussée d'ailleurs. Ce n'est qu'un détail ; tout de même, ils doivent commencer à s'apercevoir qu'il en est de même un peu partout et que leur offensive s'enraie et s'essouffle de plus en plus. On a recommencé la course à la mer comme en 1914 au mois de novembre. Elle ne leur réussira pas davantage. À quoi auront servi tant de carnages, tant de destructions impies et stupides, si la force n'arrive pas à s'élever au-dessus de tout et si cette race de rapaces est enfin réduite dans sa convoitise et ses ambitions ? Mais quelle reconnaissance pour ceux qui auront délivré l'avenir de ce cauchemar ? Celui qui nous manque, celui sur lequel nous comptions tant pour la joie de nos vieilles années fait partie de l'innombrable phalange à qui doivent aller nos remerciements, si tant est, hélas que ce souvenir collectif puisse jamais adoucir une douleur toujours présente. Je n'ai pas revu Henri, je pense qu'il est toujours là ; si demain je n'ai rien de lui, j'enverrai l'ordonnance à cheval jusqu'à son cantonnement. Rien de très sensationnel par ici. Sauf cette petite affaire dont je te parlais au début - communiqué d'aujourd'hui - on fait des projets et des plans; combien en exécutera-

t-on? Hier, à l'Armée, je voyais deux de nos grands chefs, P... et Ey..., ils doivent avoir leurs moments d'angoisse - mais il n'y paraît pas trop. En somme la situation est certainement meilleure qu'il y a un mois et les Boches doivent commencer à déchanter. Tu parles de Pentecôte. Ici on ne fait plus guère attention aux jours. Tout au plus aux saisons et quand on pense que c'est la quatrième année qu'on vit ainsi ! Charles pourrait bien aller vous voir en effet. Est-ce qu'Arthur est toujours à Paris ? Naturellement ils ne donnent jamais de leurs nouvelles. Je t'embrasse bien affectueusement pour tous les quatre. Je pense que Jean n'a plus mal aux dents. À toi de tout cœur. »

Non Marie, tu ne le reverras plus ton beau soldat ! La guerre n'est pas un voyage. Les plaisirs sont ternes et les paysages désolés. On y fait des rencontres, mais elles sont passagères et plutôt discourtoises. On n'en rapporte pas des souvenirs, seulement d'amères impressions et des images qui hantent les nuits de ceux qui en reviennent.

Grisé par la victoire qu'il avait tant espérée et qui était là, à quelques jours, quelques heures de la fin des combats, il est parti dans l'ombre, il a fait le grand saut.

Savait-il seulement ce qu'il y a là-bas, derrière ?

Avait-il donc si envie de partir ? Avait-on le droit de l'emmener dans cette aventure, cette folle randonnée qui n'a d'issue que pour ceux qui en sont revenus.

Il ne reviendra pas.

Il a été descendu du ciel par la mitraille, une canonnade, une salve létale qui l'a emporté dans le grand inconnu, cette immense béance remplie d'espérance où tout part et rien ne revient. Un trou noir qui aspire tout et surtout notre lucidité, cette lucidité qui porterait l'humanité à se reconnaître comme telle et à s'apprécier, sans s'inventer des romances d'outre-tombe.

Mais l'homme, faible, dans sa misère mentale ne trouve de réconfort que dans les fables les plus invraisemblables. Et plus elles le sont, plus il y adhère et plus elles le rassurent.

23 juin 2018.
Ici, c'est la saison des pluies. Il pleut sans arrêt pendant des heures. Une pluie qui tombe avec application, droite, lancinante, ininterrompue. On oublie quand elle a commencé, et quand elle s'arrête on ne s'en aperçoit même pas. Et puis, le brouillard, on ne voit plus la mer, ni les collines, à peine le voisinage. Coupé du monde, on s'ennuie, on sonde du regard cette grisaille opaque qui semble s'animer. Alors, on relit quelques lettres.

Le 23 juin 1918, l'avion de reconnaissance dans lequel se trouve le lieutenant Henri P..., 24 ans, « *observateur de premier ordre et officier d'élite* »[29] fils d'Henri et d'Anna, est attaqué par cinq avions et abattu dans l'Oise, on retrouve son corps dans un marais, la face tournée vers le fond. « *Asphyxié par noyade en service commandé* » note le rapport.

[29] Journal officiel du 18 juin 1920

Henri P… le père, avec quelque autre personne, est allé reconnaître le corps de son fils ainé. De retour, le 4 juillet 1918, il écrit cette lettre à Anna :

« Nous voilà rentrés de ce triste, triste, triste voyage ; pas pour longtemps du reste, parce que j'apprends que je suis remplacé - on n'a pas pris le temps de m'attendre - et envoyé en congé de deux mois pour repos. Comme si le repos était un remède à ce mal qui tient mon esprit attaché à une même pensée, pensée si désolante, pensée si remplie de douleur, de regret, de remords qu'il ne fallait pas lui fournir d'autres sujets d'application.

Henri et Maurice me pardonnent, pauvres enfants qui êtes tombés si jeunes, avec toute la vaillance de votre cœur sans peur, et qui n'avez pas même compris la grandeur de votre sacrifice. Oui, pauvres enfants, ai-je su toujours veiller sur vous, vous protéger, vous pousser, vous conseiller ? Je vois bien maintenant que je ne vous ai pas assez parlé, que j'étais enfermé dans une timidité maladive dont je récolte aujourd'hui les funestes, terribles et irréparables résultats.

Je voyais bien cependant ce que je ne faisais pas pour eux, je ne savais pas prendre la décision qu'il fallait ; je m'en remettais dans ce moindre effort à leur nature si droite et si bien douée, et aussi à une espèce de confiance stupide dans l'issue heureuse des événements. Et cette inertie a été, je le comprends bien aujourd'hui, je ne dirais pas la seule cause, mais une des causes de toutes les catastrophes. Si j'eusse pris à temps les précautions nécessaires, si j'avais su à temps, non seulement éclairer la route par de vagues conseils qui se perdaient en phrases sans vigueur et indécises, mais leur montrer la voie active et les y précéder, si j'avais osé, qui sait si nous n'aurions pas évité ces catastrophes et gardé pour nos vieux jours au moins une parcelle de ce bonheur que je me suis laissé aller à contempler béatement, comme si rien ne pouvait lui faire échec.

On se demande quelquefois la raison des choses ; certes il faut laisser à la destinée écrite par la divine puissance sa part, mais il faut aussi la sienne. Aide-toi, le ciel t'aidera. Je n'ai pas aidé les pauvres petits et le ciel n'a pas su s'il devait les aider à son tour. Et c'est pour cela que je gémis sur vous, mes chers enfants, enfants qui étiez également mon orgueil, ma fierté, ma joie, enfants pour qui j'aurais donné plus que ma vie et que je n'ai pas défendus contre le malheur ! Maintenant ils nous ont précédés, ô hâte contre nature, dans le royaume de l'au-delà. Que la Providence les recueille et leur donne cette quiétude éternelle dont on a laissé tomber sur leurs pauvres restes les paroles consolatrices. Marcelle tiendra la place triple avec ses enfants et puisse le Ciel enfin plus clément réserver pour elle la part qu'Il a retirée à ses deux frères.

Quant à toi ma pauvre Anna, ma pauvre femme, qui as supporté les coups les plus terribles pour un cœur de mère, les désespoirs les plus amers et les plus profonds, toi dont l'affection vigilante et attentive n'a pas suffi pour parer à tous les assauts, toi que je n'ai pas su ou pas pu garder dans la sérénité d'un bonheur trop court, toi que j'ai entraînée et qui m'as suivi dans ces abîmes de misère, puisses-tu dans le souvenir, dans l'image des disparus, dans la mémoire de leurs actes comme aussi dans le sourire encore inconscient, mais plus tard dans l'affection raisonnée de tes petits-enfants, puisses-tu retrouver un peu de calme, de courage et d'espérance dans l'avenir sur la terre et dans les espérances du Ciel !

Je n'ai à t'offrir que ma pitié inquiète et ma faiblesse désolée ; appui insuffisant peut-être, mais que j'essaierai de renforcer et de grandir. Pour moi, les temps sont accomplis et il me reste à peine des larmes...

J'ai protesté parce que d'abord on aurait pu attendre mon retour et ma demande et qu'on a mis sur la décision que j'avais demandé à être mis en congé pour raisons de santé ! Tout cela n'est qu'ironie et qu'est-ce auprès de notre misère et de notre douleur.

Je t'embrasse pour tous »

Éternité. Encore ce mot qui raisonne dans ma tête et vient hanter mes cogitations nocturnes.

Mot dont on ignore généralement la signification profonde ; comme bon nombre de concepts qui se situent à l'extrême limite de l'intelligence humaine et qui plus on les utilise plus ils perdent de leur contenu.

D'ailleurs, il est préférable de rester à l'écart de sa compréhension, à trop en chercher le sens on perdrait la notion du présent et de la réalité des choses. Tout se dissoudrait dans l'insignifiance.

Les hommes aiment à se donner de grandes idées qu'ils brandissent comme des étendards, mais elles n'arrivent jamais jusqu'à devenir des principes, elles restent des idéaux. On les aime comme ça, et plus leurs représentations sont floues plus elles séduisent.

Si l'humanité avait un peu plus le sens de l'immanence, combien d'ignominies lui seraient épargnées ? Mais elle reste attachée à ses fantasmagories qui lui cachent l'horizon comme un épais brouillard et lui font croire que là-bas est mieux qu'ici.

Faut-il être fou ou inconscient pour désirer l'infinitude ? Est-il d'une utilité quelconque de prolonger son incomplétude.

Lettre d'Henry P… (père) à sa femme Anna, 6 juillet 1918.

« Ma pauvre Anna,

Je dois partir demain et je t'écris ma dernière lettre du Front. Je pars la mort dans l'âme, non certes d'avoir fini ma carrière avant d'avoir vu la fin de la guerre et de ne pouvoir participer à la lutte jusqu'au triomphe final, mais bien d'avoir laissé sur deux points de la ligne française, au lieu que j'y reste moi-même, tout ce que nous avions créé et élevé et préparé d'espoir et d'avenir. À Révigny et à Compiègne, nous dont le souvenir se mêle à nos larmes, nous avons confié à la terre de France qui les berce en leur repos nos deux enfants et devant l'immensité de ce désastre je reste petit et confondu, et à peine puis-je rassembler mes pensées égarées dans cet affreux et irréparable tourment. Voilà bientôt quatre ans que commençaient dans des inquiétudes toujours croissantes, cette vie d'angoisse qui n'avait hélas que trop de raison d'être ; mais à ces heures-là, nous n'en avions aperçu ni le terrible aboutissement ni la longue et inflexible destinée. À ce moment, notre pauvre Maurice finissait ces concours qui devaient si peu favorablement récompenser son travail ; espoir remis, pensions-nous alors, espoir brisé, anéanti devait répondre le fatal avenir. Et Henri lui aussi, malgré quelques ennuis passagers, se voyait prêt, dans une voie plus facile, à continuer le service qu'il devait au pays. Encore quelques instants et c'est le grand tumulte de la mobilisation et déjà les inquiétudes croissant, sans cependant ébranler notre confiance dans la durée de la crise. Et au fur et à mesure que les jours s'écoulent, les grincements deviennent de plus en plus terribles et il faut faire face à des devoirs que nous n'avions pas entrevus ; puis voilà les désastres et les ruines ; notre pauvre Maurice si durement frappé, contre les conséquences du coup qui l'avait atteint ; et c'est le premier deuil après la mort de ma mère ; c'est la première brisure du cœur qui restera irréparable. Et je me demande si ce coup fatal n'avait pas produit sur Henri une impression profonde et si lui aussi dès ce jour ne se sentait pas entraîné et comme attiré par une force irrésistible, vers le sublime et dernier sacrifice. Qui écrit donc, qui fixe notre sort, qui a désigné nos pauvres petits, qui les a conduits sûrement et comme par la main au jour dernier. Si ce ne peut être le hasard des choses, c'est donc qu'une volonté plus puissante commande à notre sort et avait fixé le choix. Mes pauvres enfants, mes pauvres enfants à qui devez-vous cette élection suprême et quelle sera votre récompense après cet abandon ! Reposez en paix, elle ne peut pas ne pas venir. Vous avez trop donné, nous aurons trop souffert. Je t'ai dit que je resterais quelques jours à Paris : je pense y trouver une lettre de toi ; je vais voir ce qu'on va faire de moi après cette expédition un peu rapide tout de même. Je t'embrasse de tout mon cœur pour tous. »

Tout est pardonnable.

Pour inacceptable qu'elle soit, l'affirmation n'en est pas moins légitime et l'on aurait tort d'y voir une simple formule. Nul ne trouvera dans la nature le moindre argument pour en démontrer l'inanité. Tout, depuis les plus basses vilénies jusqu'aux actions les plus nobles, n'a pour origine que les errements de cet animal humain, à travers ses désirs, ses aspirations et ses quêtes. Le pire comme le meilleur ne se mesurent qu'à l'aune de ses morales fluctuantes qui n'ont de légitimité que celle qu'il veut bien leur donner afin de justifier les moyens qu'il adopte pour atteindre ses buts.

Notre humanité étant le Créateur même de sa condition et de son éthique, elle est ainsi la promotrice de ses vices et de ses vertus ; et un être extérieur à notre univers, incapable d'en discerner le bon du mauvais, la louerait ou la condamnerait en bloc, selon son tempérament.

La vérité n'est jamais historique, elle n'est que celle des historiens, c'est-à-dire une sorte d'impression personnelle calquée sur ses humeurs du moment ou à partir d'un jugement de valeurs qui n'ont été soupesées et adoptées que par mimétisme ou pour se conformer aux vents dominants de l'époque, forcément manichéens, car basés sur l'idée folle de la linéarité et de l'inamovibilité de la frontière entre le bien et le mal.

L'histoire ne justifie rien. Elle n'est qu'une liste d'événements… Prétexte pour le pire.

Elle n'est qu'une interprétation effectuée par ceux qui sont en charge de la décrypter afin de la graver dans nos consciences. À l'instar de ces particules quantiques, elle est modifiée par l'observation. Alors, elle raconte ce que tout le monde veut entendre ou qui doit être entendu.

C'est pourquoi je la parcours en biais en renversant les valeurs avec un malin plaisir.

La mauvaise foi, comme le paradoxe, est une hypothèse qui permet d'envisager les choses sous un angle différent de ce qu'on appelle la vérité et qui est bien souvent celle que la majorité accepte telle quelle sans l'avoir jamais vérifiée.

Lettre d'Henry P… à sa fille Marcelle, 5 octobre 1918.

« Ma chère Marcelle,

Je n'ai pas reçu aujourd'hui des nouvelles de maman ; je ne m'en inquiète pas du reste quoique dans sa dernière lettre elle ait dit que vous étiez tous un peu enrhumés et je suppose que cela n'est pas bien grave et puis il faut tabler aussi avec les irrégularités de la Poste. Je ne peux pas ne pas me souvenir avec plus d'intensité que jamais que demain est pour toi une date anniversaire et c'est un retour de beaucoup d'années déjà - ne m'en veuille pas de dire beaucoup - que je fais en arrière pour me retrouver au 6 octobre 90. Que d'espoir alors pour la vie dans laquelle tu entrais, dans laquelle nous commencions à assurer l'avenir. Et ce même mois où tu faisais ton premier sourire, et la lumière nous devait par trois fois donner la même joie, la même espérance. Comment faire maintenant pour nous rappeler ces dates et cette longue suite de jours heureux quand la pensée s'arrête, quand le regard s'abaisse sur les grands ravages que la destinée a faits, a creusés irréparablement dans notre foyer familial ? Toi seule nous reste, qui aujourd'hui as cette charge si lourde et à laquelle cependant tu ne manques pas, de nous rattacher encore aux tristes jours qui nous sont réservés. Tu y es aidée par tes deux enfants qui, l'espérons-nous, ne seront pas les seuls, auquel la vie, par une équitable répartition du bonheur, épargnera, j'en suis sûr, les embûches et les sacrifices ; tu y es aidée aussi par ton mari, dont si souvent j'ai apprécié les sentiments délicats et la sûreté du souvenir, alors qu'il se sentait impuissant devant tant de calamités. Je ne voudrais pas que ma lettre écrite pour te rappeler le jour de ta naissance te parût seulement comme l'écho de notre inconcevable tristesse ; mais, aussi près du malheur, comment y échapper. Plus tard, plus tard si Dieu prolonge pour nous deux existences si dures à traîner, nous sera-t-il donné d'avoir le cœur plus apaisé et les yeux moins voilés de larmes, soit que nous nous sentions plus près de retrouver ce que nous avons perdu, soit que nous te voyions jouir du bonheur que tu mérites dans ta famille grandissante. En attendant ce jour, je t'embrasse bien affectueusement, toi et tes petits. Ton père qui t'aime. »

Le citoyen médian d'autrefois, pour inculte qu'il fût — « *n'a signé pour ne savoir* »[30] —, avait-il l'esprit plus libre et plus éclairé, moins vulnérable que son équivalent contemporain, instruit, diplômé, malléable et manipulable à merci pour le plus grand plaisir des politiciens et des fabricants de rêves ?

On l'a néanmoins promené dans des sentiers patriotiques qui ne menaient nulle part. Désormais, les guerres on les fuit, on traverse les océans, les mers et les barbelés. La patrie n'a plus de goût, elle est fade, ses arômes sont passés. Le citoyen n'a plus la vaillance de se faire enrôler ni de donner son sang pour des causes qui ne sont plus les siennes et pour lesquelles il n'est pas né. Alors, il ne lui reste qu'à errer sur cette terre ingrate à la recherche de la fraternité, cette fraternité impossible frappée du sceau de l'interdit des dieux et des princes dont la seule tâche est de diviser l'humanité en d'hostiles et belliqueuses hordes.

---

[30] Remarque que l'on trouve en bas de nombreux actes paroissiaux signifiant que les témoins, les époux, le père ou les parrains et marraines des nouveau-nés étaient illettrés et ne savaient pas signer.

Lettre d'Anna P… à son mari, 23 octobre 1918.

« Mon pauvre,

J'ai été obligée de défaire le sac du pauvre Henri ; Germain était venu me demander si j'avais vérifié et s'il pouvait renvoyer les papiers. J'ai sorti, avec quelle amertume, ces quelques objets, tu peux le penser. Le sac et son contenu ont été tellement trimballés que le sac est abîmé et que plusieurs objets ont été cassés : une glace, un petit pot pour se raser, mais ce qui a tout détérioré c'est une boîte de poudre qui s'est ouverte et qui a barbouillé tout ce qui était dans le sac. J'ai retrouvé la sacoche, mais pas une lettre et pas la montre de Maurice, un porte-cigarettes, mais pas de portefeuille, un petit agenda de 1918 sur lequel le pauvre enfant avait inscrit quelque chose à la date du 30 juin ! Que c'est déchirant ce retour des objets qui leur ont appartenu et je t'assure que je n'avais guère envie de sortir après ces moments passés en face de ces pauvres choses, mais j'avais peur que les petits ne prennent froid à la Maladière, je suis allée les chercher et les ai ramenés de suite. Il soufflait toujours ce vent du nord glacial et il a même gelé cette nuit. (...) »

L'armistice est signé le 11 novembre 1918 à 5 heures 15.

Armistice.

Comme un constat que cette guerre n'avait pas lieu d'être. Le perdant demande ou accepte de s'arrêter. Mais alors, pourquoi avoir commencé ?

Sous d'autres contrées orientales, en d'autres temps, le perdant se faisait seppuku, il allait au bout de sa logique, il s'anéantissait en déballant ses tripes, faute de n'avoir pas pu anéantir celui d'en face. Ici, le belligérant retourne vaquer à ses occupations laissant la douleur aux familles, et à l'histoire la responsabilité des massacres et des millions de cadavres.

Si une guerre s'arrête, c'est qu'elle était inutile. C'était une mauvaise guerre. Une vraie ne devrait pas s'arrêter, elle devrait perdurer jusqu'à l'anéantissement total de l'autre ou durer éternellement. Seules, les guerres d'extermination sont dignes d'être ce qu'elles sont. Les génocides ont pour eux la franchise du massacre, et ceux qui ont nié en être les maîtres d'œuvre ne les ont pas fait disparaître, ils n’ont fait que les justifier pour mieux légitimer le prochain.

Lettre de Marcelle P…, fille d'Henri et d'Anna, femme de Maurice R…, novembre 1918

« Mon cher papa, ma chère maman.

On a tambouriné, ce matin à midi, la signature de l'armistice et la cessation des hostilités, je peux vous assurer qu'à ce moment-là je n'ai pas pu me réjouir comme les autres et que mes pensées sont allées tout entières à nos deux pauvres petits qui avec tant d'autres ont acheté ces victoires et qui en aurait été si heureux. Pourquoi faut-il que notre tribut à la guerre ait été si lourd ? La voilà terminée. Elle nous laisse décimés, meurtris, désemparés et incapables dans l'avenir d'un bonheur complet. Henri et Maurice sont tellement présents autour de moi, leurs images surgissent si vivantes qu'il me semble par moments que mes larmes sont bien des larmes de joie, que l'horrible cauchemar de ces quatre ans est dissipé et qu'ils vont revenir d'un moment à l'autre. Hélas l'irréparable est là qui nous étreint ; mais au moins ils sont bien vengés ! La déroute allemande est complète, ils sont en proie à la révolution, leur Guillaume termine son règne par une lâcheté digne de lui en s'enfuyant honteusement en terrain neutre aux premières émeutes alors qu'il aurait dû se faire tuer dans la retraite s'il avait eu un peu de coeur. Espérons que la justice saura l'atteindre là où il se cache. Oui ce matin je vous assure que je n'ai même pas pensé à me réjouir du retour plus ou moins proche de Maurice[31]*. J'ai été comme enveloppée par l'image de mes deux frères et je les ai revus vivants devant moi avec une intensité déchirante. Persuadons-nous avec ceux qui nous parlent d'un revoir certain dans un monde meilleur, que nous les reverrons un jour et qu'en attendant ils voient le triomphe de la justice pour laquelle ils sont tombés et qu'ils participent à la joie générale. Toute la rue est pavoisée, je n'avais pas le courage de faire installer les drapeaux, mais je n'ai pas voulu me singulariser. Qu'Henri et Maurice me pardonnent ce signe extérieur de joie. Celle que j'éprouve est si amère. Les petits sont très excités il a fallu aussi leur acheter un petit drapeau et ils m'ont suppliée de les laisser aller au « feu de l'armistice» (feu d'artifice) à 5 heures et demie au Champ-de-Mars. Ils iront avec les bonnes. En ce moment on sonne les cloches, tout cela est bien impressionnant. J'espère que les petits garderont un souvenir de cette journée. Si ces enfants-là ne sont pas patriotes ! ... Je suis bien contente que tu sois à Lyon cette semaine auprès de papa, la solitude lui aurait été bien cruelle en de pareils instants. Vous devez souffrir comme moi en voyant les réjouissances populaires. Il faut pourtant s'y résigner et se dire que nous n'aurions pas voulu qu'ils ne soient pas vengés. J'ai eu deux lettres de Maurice*[30] *hier elles paraissent vieilles d'un mois tant les événements se précipitent. Nous avons entendu le canon de Chambarand toute la journée, des pétards,*

---

[31] Maurice R… son époux

des cloches, des cris de joie. Tout ce bruit ne m'empêche pas d'écouter la voix de nos morts et de ne penser qu'à eux. Laissez-moi vous embrasser en souvenir d'eux comme ils vous auraient embrassés s'ils étaient revenus. Je suis tout entière de cœur avec vous, avec votre douleur et j'unis mes larmes aux vôtres. Ne vous croyez pas seuls pour vous soutenir et pour pleurer.

Marcelle. »

…leur poussière
et les traces de leurs vertus[32]

[32] Extraits de la Marseillaise, couplet des enfants : « Nous y trouverons leur poussière et les traces de leurs vertus ».

Je ne suis que le héros de ma mort, de ma disparition éternelle. Mon âme, je l'ai rendue, elle ne m'était plus d'aucune utilité. Poussière, je me suis envolé avec mes atomes rejoindre la terre universelle. Mes rêves, je les donne en héritage à tous ceux qui suivent et que peut-être ils ne reconnaîtront pas, mais dont ils seront hantés afin qu'un jour ils comprennent que la terre n'est pas un lotissement à délimiter par des arpenteurs, mais la seule patrie digne de ce nom. Les nationalismes ne font qu'en retarder l'avènement en prolongeant les souffrances.

Nous autres, disparus, avons donné nos vies pour la guerre, les survivants garderont la leur pour la paix et offriront nos morts à la postérité. Ils inscriront nos noms sur de vieilles pierres, offrandes aux dieux impossibles, et qu'ils viendront honorer une fois l'an pour apaiser leur conscience, et leur fils et leurs petits-fils feront de même pour que celle-ci repose en paix et ne soit pas dérangée par les questionnements des générations à venir.

Les historiens, eux, feront l'Histoire, ils expliqueront. Car l'Histoire est là pour dissiper le malentendu des petites histoires, des petites pensées, des petites souffrances et des petites misères de tous ceux qui n'ont pas compris.

Une fois qu'ils nous auront enterrés, les épargnés fraterniseront et reconstruiront les nations.

On parlera de nous, on en parlera, mais on nous

oubliera.

À peine dix ans passés, nous n'étions plus que deux portraits photographiques fixés sur un mur d'une maison de campagne, des noms inscrits sur une stèle, sans descendance, sans souvenir.

On nous commémorera globalement, avec les innombrables. Nos individualités se sont éteintes à jamais, nous ne sommes plus que des idées. Poussières de rien.

Toute commémoration est par excellence une glorification de la guerre. On commémore toujours les victoires, jamais les défaites.

Les héros de la Grande Guerre, annuellement fêtés, dont chacun fut pleuré par nos aïeux, mais que personne ne connaît, un troupeau d'ombres inconnues fondues dans l'histoire et les célébrations.

Commémorer, par honte ou par fierté ? La honte a-t-elle une raison d'être, la fierté en a-t-elle une ?

Commémorer pour justifier. Justifier pour, peut-être, un jour, recommencer. Car, il n'y a pas de dernière, un simple déplacement, un subtil glissement la transporte vers d'autres rivages.

Ne serons-nous pas un jour lassés de la glorification de ces corps déchiquetés ?

On en appelle à la mémoire, mais de quelle mémoire parle-t-on ? Et qui a cette mémoire ? Les proches des disparus avaient la mémoire, mais ils ont disparu à leur tour, l'emportant avec eux. Alors, qui a la mémoire ? Et de quoi ?

Espérons que personne n’aura l’incongruité d’exhumer les ossements du soldat inconnu pour une analyse de son ADN à des fins de reconnaissance ; c’est la gloire de tous les oubliés de l’histoire qui se verrait entachée.

À moins… que cela n’oblige à inscrire sur les dalles du Panthéon la liste complète des sacrifiés de la patrie… disparus et fusillés compris… et sans dalle « et alii ».

Morts pour la France, exécutés pour la guerre — à moins que ce ne soit l'inverse —, toutes ces choses n'ont de sens que regardées à la loupe. Car, au regard de l'histoire de l'humanité ou à l'échelle de l'univers, ces microscopiques douleurs, ces émotions infinitésimales seront diluées dans les immensités temporelles, et n'auront, dans mille ans, plus aucune signification. Ce qui comptera alors, c'est ce que l'humanité aura fait de ce que la nature terre lui a donné en héritage. Le peuple du futur, n'aura pour cette guerre pas plus d'intérêt que n'en ont nos contemporains pour les guerres puniques et l'épopée d'un Alexandre le Grand ou celle d'un Gengis Khan, et laisseront les spécialistes des antiques gloires se pencher sur ces misérables quatre années accrochées quelque part dans le millénaire.

On ne peut manquer d'être pris d'effroi tant la distance de l'homme à lui-même est grande.

L'humanité s'est construite sur des charniers, des trahisons, des cruautés, sur des vengeances que l'exaltation de la plupart des historiens a falsifiées. Et selon le regard que l'on porte sur cette orgie sanglante, on pourrait tout aussi bien y voir l'œuvre démoniaque de quelque triste divinité.

Il est pourtant vain et hautement hypocrite de s'en prendre à quelques-uns d'entre nous.

La responsabilité est attachée à tout acte d'existence et à toutes les facettes de l'être. Elle se distribue en d'égales proportions entre le tortionnaire et sa victime. La vérité n'est pas plus dans les jérémiades des vaincus que dans les rodomontades du vainqueur, et la fausse repentance de celui-ci ne peut occulter la gloire qu'il tira de ses victoires passées pour bien souvent légitimer ses hégémonies présentes ; de même que les vaincus d'autrefois sont autant victimes de leurs propres inerties ou de leurs attachements fébriles à quelques fantasmagories qui à l'occasion mettent dans leurs mains le bâton des tortionnaires.

La rédemption ne viendra que de l'homme, quand il aura enfin compris que la terre est promise à tous et qu'elle n'est pas un territoire à posséder, mais à chérir et à protéger. Alors viendra l'heure de la grande lucidité, et on comprendra que tout ça était vain.

Cette guerre était inutile et maudite. Elle a fait naître des haines qui n'existaient pas, elle a considérablement et inutilement modifié les paysages et enfanté presque toutes celles qui ont suivi, directement ou indirectement. Elle a détruit des équilibres qui, pour imparfaits qu'ils aient été, ont été remplacés par des territoires intraçables, séparant les peuples et les parquant dans d'illégitimes frontières.

Je l'ai vécue comme une déchirure dégoulinant d'un sang verdâtre et nauséabond. J'y ai perdu mes fils, mes frères, mes vies, mes aventures, mes amours…

Je n'ai pas eu le courage de décrire les charniers et les corps déchiquetés, ni eu la constance nécessaire pour retracer la chronologie de ce conflit désolant, d'autres l'ont fait avec précision. Je m'en suis tenu à ces lettres, à mes pérégrinations sur internet et à mes divagations.

Si l'on voulait de la vaillance, du patriotisme, il ne fallait pas parcourir ces pages. Il faut aller voir les monuments, lire les morts et les compter. Pour autant, cela ne les animera pas, on n'y verra que des noms. On n'en sera pas plus vertueux.

Si l'on veut des frissons, on ira sur la toile visionner les films ; de l'émotion, on lira les stances des poètes qui furent plongés dans ces heures abominables.

Mais que l'on y prenne garde… Le récit de l'horreur ne conjure pas l'horreur, il l'entretient et la prolonge.

Mes aïeux ne sont plus là pour me contredire. Ils ne sont pas de cendre, ils ne sont même plus l'air que l'on respire, simplement des mots, des supplications et des regrets dans l'encre séchée sur des feuilles de papier jaunies bien rangées dans les caisses poussiéreuses d'un grenier.

Et pourtant…

Cette tendresse… qui descend jusqu'à moi… je l'entends… Elle ne vient pas de si loin.

Je le sens ce souffle, cette respiration ancestrale, qui réclame mon souvenir. Aussi longtemps que la terre respirera, je le sentirai, au-delà des générations futures qui continueront peut-être, encore, à s'écharper, parce qu'elles n'auront pas encore compris l'essentiel.

De temps à autre, j'ai le cœur en balade dans leurs après-midi d'été, sur ces photos qui ont été conservées et qui les prolongent.

Et surtout cette photo que je n'ai de cesse de regarder et qui m'envoie leur tendresse :

Tous les cinq réunis, la mère Anna tout sourire, Maurice et Henri le visage radieux, presque allongés sur elle, Marcelle blottie contre son père en tenu d'officier, celui-ci le visage grave, le regard perdu dans le vague, regardant au loin cette fatalité qui s'avance et qu'il ne reconnaît pas encore.

11 novembre 2018